Worte für das Leben

Worte für das Leben

—

Texte von
Albert Schweitzer

FREIBURG · BASEL · WIEN

MIX
Papier aus verantwortungsvollen Quellen
FSC® C014496

Veränderte und vollständig überarbeitete Fassung der Ausgabe von 1999

© Verlag Herder GmbH, Freiburg im Breisgau 2019
Alle Rechte vorbehalten
www.herder.de

Umschlagkonzept, Gestaltung und Satz:
Christina Kölsch, www.christinakoelsch.de

Herstellung: GGP media GmbH, Pößneck
Printed in Germany

ISBN 978-3-451-38457-8

Inhalt

- 6 Einleitung
- 9 Ich bin Leben, das leben will
- 23 Hört auf den innerlichen Menschen in euch
- 45 Reißt keine Blume, kein Blatt ab
- 61 Keiner darf die Augen schließen
- 81 Alles Sein ist unlösbares Geheimnis
- 97 Der Friede Gottes ist treibende Kraft
- 109 Im Tun der Liebe
- 125 Quellenverzeichnis

Einleitung

Im Zentrum des Denkens und Handelns Albert Schweitzers stand das Leben. Das Leben in seiner ganzen Größe und seiner Hinfälligkeit, das Leben in seinen lichten Höhen und finsteren Abgründen. In seinen vielen Schriften und Briefen entwickelte er eine Ethik, die weit über die Grenzen eines bloßen Abrechnens von Kosten und Nutzen hinausreichte. Schweitzer nahm das Leben radikal ernst, was so weit ging, dass er auch dem scheinbar nur lästigen Moskito einen nicht wegzudiskutierenden Wert zukommen ließ.
1875 wurde Albert Schweitzer als Sohn eines protestantischen Pfarrverwesers im elsässischen Kayserberg geboren. In Straßburg studierte er Theologie und Philosophie und konfrontierte hier die Philosophie Immanuel Kants mit Fragen der christlichen Ethik. Früh schon galt seine Liebe der Musik, er studierte Musikwissenschaften und das Orgelspiel, und er schrieb ein Buch über den von ihm verehrten Johann Sebastian Bach. Doch damit

nicht genug: Um in Afrika als Missionar arbeiten zu können, unterwarf sich Schweitzer zudem den Mühen eines Medizinstudiums. 1913 war es endlich so weit. Gemeinsam mit seiner Frau Helene fährt er nach Lambaréné in Gabun, wo er sein berühmtes Hospitaldorf gründen sollte.

Was treibt einen Menschen zu solchem Handeln? Vielleicht war es gerade die Verbindung von Theologie, Philosophie, Medizin und Musik, die es Albert Schweitzer ermöglichte, das Leben in einem universalen Sinn zu verstehen. Jedenfalls war Schweitzer von der innersten Überzeugung getrieben, dass jedes Leben, egal ob Pflanze, Tier oder Mensch, einmalig ist. Jedes Leben ist heilig, und so gilt es, jedes Leben zu bewahren. In der Natur erkannte er das Wirken Gottes, er sah einen Willen zum Leben wirken, der rational nicht zu begreifen ist.

1963, zwei Jahre vor seinem Tod, schrieb er in einem Brief: »Ich darf erleben, dass die Ethik der Ehrfurcht vor dem Leben ihren Weg in der Welt zu machen beginnt, das hebt mich über alles hinaus, was man mir vorwerfen oder antun kann.« Diese Ehrfurcht vor dem Leben spricht auch aus den hier versammelten Worten des Lebens.

ICH BIN LEBEN,
DAS LEBEN WILL

Ich ging in den Spätsommertagen auf einer dieser wunderbaren Straßen Lothringens, wo man bis ins Unendliche sieht, wo eine Hügelkette sich über der andern aufbaut; in der Richtung, in der ich ging, ging die Sonne unter, alles überstrahlend, sodass die Bäume auf den fernen Hügeln aufflammten, als wären sie im Feuer, und man die Helligkeit um sich selber herum spürte. Da wurde mir ganz wundersam zumute; das Ganze kam mir vor wie ein Gleichnis für unser Leben, dass wir in der inneren Treue mit uns selbst, dass wir im inneren Zusammenhang mit dem unfassbar Unendlichen im Leben der Sonne entgegengehen, bis die irdische Sonne für uns untergeht: vom Licht umflossen mehr und mehr bis zum letzten Augenblick – mag dann die äußere Sonne auch für uns untergehen!
Predigt, 25.2.1912 (Straßburger Predigten, 90)

Die elementare, uns in jedem Augenblick unseres Daseins zum Bewusstsein kommende Tatsache ist: Ich bin Leben, das leben will, inmitten von Leben,

das leben will. Das Geheimnisvolle meines Willens zum Leben ist, dass ich mich genötigt fühle, mich gegen allen Willen zum Leben, der neben dem meinen im Dasein ist, teilnahmsvoll zu verhalten. Das Wesen des Guten ist: Leben erhalten, Leben fördern, Leben auf seinen höchsten Wert bringen. Das Wesen des Bösen ist: Leben vernichten, Leben schädigen, Leben in seiner Entwicklung hemmen.
Das Problem der Ethik, 86f.

Vertiefst du dich ins Leben, schaust du mit sehenden Augen in das gewaltige belebte Chaos dieses Seins, dann ergreift es dich plötzlich wie ein Schwindel. In allem findest du dich wieder. Der Käfer, der tot am Wege liegt – er war etwas, das lebte, um sein Dasein rang wie du, an der Sonne sich erfreute wie du, Angst und Schmerzen kannte wie du, und nun nichts mehr ist als verwesende Materie – wie du über kurz oder lang sein wirst. –

Du gehst draußen, und es schneit. Achtlos schüttelst du den Schnee von den Ärmeln. Da musst du schauen: Eine Flocke glänzt auf deiner Hand. Du musst sie schauen, ob du willst oder nicht, sie glänzt in wundervoller Zeichnung; dann kommt ein Zucken in sie: Die feinen Nadeln, aus denen sie besteht, ziehen sich zusammen, sie ist nicht mehr – geschmolzen, gestorben auf deiner Hand. Die Flocke, die aus dem unendlichen Raum auf deine Hand fiel, dort glänzte, zuckte und starb – das bist du. Überall wo du Leben siehst – das bist du!

Was ist also das Erkennen, das gelehrteste wie das kindlichste: Ehrfurcht vor dem Leben, vor dem Unbegreiflichen, das uns im All entgegentritt, und das ist wie wir selbst, verschieden in der äußeren Erscheinung und doch innerlich gleichen Wesens mit uns, uns furchtbar ähnlich, furchtbar verwandt. Aufhebung des Fremdseins zwischen uns und den andern Wesen.

Predigt, 16.2.1919 (Straßburger Predigten, 122f.)

Ich kann nicht anders, als mich an die Tatsache halten, dass der Wille zum Leben in mir als Wille zum Leben auftritt, der mit anderm Willen zum Leben eins werden will. Sie ist mir das Licht, das in der Finsternis scheint. Die Unwissenheit, unter die die Welt getan ist, ist von mir genommen. Ich bin aus der Welt erlöst.
Kultur und Ethik, 334

Wie die Welle nicht für sich sein kann, sondern stetig an dem Wogen des Ozeans teilhat, also soll ich mein Leben nie für sich leben, sondern immer in dem Erleben, das um mich her stattfindet ... Was du an Gesundheit, an Gaben, an Leistungsfähigkeit, an Erfolg, an schöner Kindheit, an harmonischen häuslichen Verhältnissen mehr empfangen hast als andere, darfst du nicht als selbstverständlich hinnehmen. Du musst einen Preis dafür entrichten. Außergewöhnliche Hingabe von Leben an Leben musst du leisten.
Kultur und Ethik, 344

Unsere Kindheit ist das Vorspiel zu unserm Leben, in dem eine große Melodie sich als Thema ankündigt. Weil wir alles noch traumhaft erleben, haben wir den Dingen gegenüber eine Unmittelbarkeit, Freiheit und Reinheit, die uns wie ein traumhaftes Erlebnis zurückbleibt und wie eine Melodie in uns weiterzittert. Und wenn dann das Leben kommt und wir es nicht mehr traumhaft, sondern wirklich erleben und uns mit ihm auseinandersetzen müssen und die Motive fremd auf uns eindringen, dann soll diese Melodie nicht langsam verklingen, sondern wachsen und wachsen, wie in einer großen Symphonie die andern Motive unter sich zwingen und zuletzt sich in ihrem ganzen Reichtum entfalten und in ihrer gewaltigen Größe dastehen ...
Predigt, 2.3.1913

Als Kind hat jeder Mensch ein Sehnen nach einem großen Glück, das ihm das Leben bringen soll, und nachher verlieren es die meisten Menschen,

weil sie ihr Sehnen auf kleine Erfolge und Eitelkeiten einstellen und lassen sich einreden, das große Glück, nach dem sie sich sehnten, sei eben nur ein Kindertraum gewesen, statt dass sie sich sagen, ich will es finden, nicht so wie ich es mir als Kind gedacht, aber dennoch finden so wie es sein muss ...
Das »Sein wie ein Kind« hat also mit dem äußeren Sichgeben nichts zu tun, sondern es ist ganz allgemein gesagt eine Einfachheit und Ursprünglichkeit des Denkens, Empfindens und Wollens, die wir uns wahren und immer wieder erwerben müssen, um nicht durch das, was von außen auf uns wirkt, irre zu werden.
Predigt, 2.3.1913

Der Gedanke, dass ich eine so einzigartig glückliche Jugend erleben durfte, beschäftigt mich fort und fort. Er erdrückte mich geradezu. Immer deutlicher trat die Frage vor mich, ob ich dieses Glück denn als etwas Selbstverständliches hinnehmen dürfe. So wurde die Frage nach dem Recht

auf Glück das zweite große Erlebnis für mich. Als solches trat sie neben das andere, das mich schon von meiner Kindheit her begleitete, das Ergriffensein von dem Weh, das um uns herum in der Welt herrscht. Diese beiden Erlebnisse schoben sich langsam ineinander. Damit entschied sich meine Auffassung des Lebens und das Schicksal meines Lebens.
Aus meiner Kindheit und Jugendzeit, 46f.

Noch ein anderes bewegt mich, wenn ich an meine Jugend zurückdenke: die Tatsache, dass so viele Menschen mir etwas gaben oder etwas waren, ohne dass sie es wussten … So weiß auch keiner von uns, was erwirkt, und was er Menschen gibt. Es ist für uns verborgen und soll es bleiben. Manchmal dürfen wir ein klein wenig davon sehen, um nicht mutlos zu werden.
Aus meiner Kindheit und Jugendzeit, 51f.

Alles, was du tun kannst, wird in Anschauung dessen, was getan werden sollte, immer nur ein Tropfen statt eines Stromes sein; aber es gibt deinem Leben den einzigen Sinn, den es haben kann, und macht es wertvoll. Wo du bist, soll, so viel an dir ist, Erlösung sein, Erlösung von dem Elend, das der in sich selbst entzweite Wille zum Leben in die Welt gebracht hat, Erlösung, wie sie nur der wissende Mensch bringen kann. Das wenige, das du tun kannst, ist viel – wenn du nur irgendwo Schmerz und Weh und Angst von einem Wesen nimmst, sei es Mensch, sei es irgendeine Kreatur.
Predigt, 23.2.1919 (Straßburger Predigten, 134f.)

Das letzte und entscheidende Erleben, zu dem wir alle hindurchdringen müssen, ist, im Leben stehend, vom Leben frei zu werden. In dieses Rätsel des Lebens, das wir in Gedankenlosigkeit so gerne zudecken, führt uns Bachs Kunst hinein.
Bach 1921, 196

Wir alle müssen uns mit dem Gedanken an den Tod vertraut machen, wenn wir zum Leben wahrhaft tüchtig werden wollen. Wir brauchen nicht jeden Tag, jede Stunde daran zu denken; aber wenn der Weg unseres Lebens uns auf einen Aussichtspunkt führt, wo das Nahe verschwindet und der Blick in die Ferne bis zum Ende schweift, dann die Augen nicht schließen, sondern innehalten und in die Ferne schauen und dann wieder weiter.
Predigt, 17.11.1907 (Straßburger Predigten, 74)

Das Vertrautsein mit dem Gedanken des Todes wirkt allein auch die wahre, innere Freiheit von den Dingen. Der Ehrgeiz, die Erwerbssucht, die Herrschsucht, die wir in uns tragen und die uns in dieses Leben hineinverstricken mit Sklavenfesseln, vermögen den Menschen, der dem Tod ins Antlitz schaut, auf die Dauer nicht zu betören, sondern er fühlt, wie der Gedanke des Endes nach und nach eine Läuterung bewirkt, die ihn von dem schlechteren Ich in sich selbst, von den Dingen

und Menschen frei macht, ihn auch frei macht von Menschenfurcht und Menschenhass.
Predigt, 17.11.1907 (Straßburger Predigten, 74)

Wenn ein Mensch die Schatten des Todes über sich fühlt und das Bedürfnis fühlt, mit den Seinen darüber zu sprechen, um dadurch zur Klarheit und zur Fassung zu kommen, so lassen sie es nicht zu, sondern spielen die Komödie, dass sie die Möglichkeit eines solchen Ausgangs nicht in Betracht ziehen, bis zu Ende weiter, meinend, ihm dadurch einen Dienst zu leisten, meinend, ihm den Gedanken ausgeredet zu haben, wenn er es zuletzt aufgibt, darauf zurückzukommen – und sie haben ihn nur einsam gemacht und ihm die Hilfe verweigert.
Predigt, 17.11.1907 (Straßburger Predigten, 71)

Jahrhundertelang hat man den Menschen den Schrecken des Todes gepredigt, dass sie ihre Zuflucht zum Glauben an das ewige Leben näh-

men. Und das Ergebnis? Abstumpfung. Abstumpfung – dieses merkwürdige Wort für die unbegreifliche und verhängnisvolle Tatsache, die sich hundertmal auf allen Gebieten wiederholt, dass etwas, wiederholt und immer wiederholt, seine Wirkung einbüßt ... So ist die Menschheit um uns her weder durch die Furcht vor dem Tode noch durch die Hoffnung auf das ewige Leben bewegt. Sie verlangt nur eins, dass man keine Anspielung auf den Tod macht. Sie hat gewissermaßen ein geheimes Dekret erlassen, dass jedermann seinem Nebenmenschen gegenüber fortgesetzt so tue, als ob die Möglichkeit, dass dieser sterben könne, gar nicht in Betracht käme.
Predigt, 17.11.1907 (Straßburger Predigten, 70)

In jedem von uns wohnt ein Schauspieler, der uns durchs ganze Leben begleitet und nach schönen Rollen verlangt, um sie zu spielen.
Predigt, 16.3.1919 (Was sollen wir tun?, 66)

Die Unsterblichkeit, an die man nur als an einen Trost glaubt, ist nicht die rechte. Sie haftet so wenig in den Gedanken der Menschen als das Bild, das man mit Wasserfarbe auf eine Mauer malt, und das der nächste Regen wegwäscht. Sie ist äußerlich an die Menschen herangetragen und beschäftigt ihn nicht mehr, sobald er sich über die Todesangst durch seine Gedankenlosigkeit hinweggetäuscht hat.

Aber wer sein Leben im Angesicht des Todes zu betrachten wagt, wer es von ihm stückweise zurückempfängt und es lebt als etwas, das ihm nicht gehört, sondern geschenkt worden ist, mit der innerlich freien und friedvollen Gesinnung des Menschen, der in seinen Gedanken den Tod überwunden hat, der glaubt an ein ewiges Leben, weil er schon etwas davon hat und erlebt hat, und schon zehrt von dem Frieden und der Freude desselben. Wie es gestaltet ist, vermag er nicht zu sagen, er vermag seine Anschauung auch vielleicht nicht ganz mit den überlieferten Vorstellungen in Einklang zu bringen. Aber das weiß er gewiss, dass

etwas in uns ist, das nicht vergeht, wenn wir selber vergehen, sondern das fortlebt und fortwirkt, überall, wo das Reich des Geistes ist, weil es schon jetzt in uns lebt und wirket, wenn wir innerlich durch den Tod zum Leben gekommen sind.
Predigt, 17.11.1907 (Straßburger Predigten, 77)

Leben erhalten ist das einzige Glück.
Predigt, 23.2.1919 (Straßburger Predigten, 135)

HÖRT
AUF DEN
INNERLICHEN
MENSCHEN
IN EUCH

Trunken von den Fortschritten des Wissens und Könnens, die über unsere Zeit hereinbrachen, vergaßen wir, uns um den Fortschritt in der Geistigkeit der Menschen zu sorgen.
Kultur und Ethik, 361

O, diese vornehme Kultur, die so erbaulich von Menschenwürde und Menschenrechten zu reden weiß, und die diese Menschenrechte und Menschenwürde an Millionen und Millionen missachtet und mit Füßen tritt, nur weil sie über dem Meer wohnen, eine andere Hautfarbe haben, sich nicht helfen können; die Kultur, die nicht weiß, wie hohl und erbärmlich, wie phrasenhaft und gemein sie vor denjenigen steht, die ihr über die Meere nachgehen und sehen, was sie dort leistet, und die kein Recht hat, von Menschenwürde und Menschenrechten zu reden.
Predigt, 6.1.1905 (Straßburger Predigten, 50)

Wie sehr die Gedankenlosigkeit dem modernen Menschen zur zweiten Natur geworden ist, zeigt sich in der Geselligkeit, die er pflegt. Wo er mit seinesgleichen ein Gespräch führt, wacht er darüber, dass es sich in allgemeinen Bemerkungen halte und sich nicht zu einem wirklichen Austausch von Gedanken entwickele. Er hat nichts Eigenes mehr und wird von einer Art Angst beherrscht, dass Eigenes von ihm verlangt werden könnte.
Verfall und Wiederaufbau der Kultur, 25f.

Es findet ein Organisieren der Arbeit statt, bei dem die durch Spezialisierung ermöglichten Höchstleistungen der Einzelnen zusammenwirken. Die erzielten Resultate sind großartig. Aber die geistige Bedeutung der Arbeit für den Arbeitenden leidet. Nur ein Teil seiner Fähigkeiten, nicht der ganze Mensch, wird in Anspruch genommen. Dies übt eine Rückwirkung auf sein Wesen aus. Persönlichkeitsbildende Kräfte, die in den umfassenden Arbeitsaufgaben liegen, kommen bei den weniger

umfassenden, die dementsprechend im allgemeinen Sinne des Wortes geistloser sind, in Wegfall ... Das Schöpferische und Künstlerische in ihm verkümmert.
Verfall und Wiederaufbau der Kultur, 26f.

Unser ganzes geistiges Leben verläuft innerhalb von Organisationen. Von Jugend auf wird der moderne Mensch so mit dem Gedanken der Disziplin erfüllt, dass er sein Eigendasein verliert und nur noch im Geiste einer Kollektivität zu denken vermag ... Für sich und für die anderen setzt der Einzelne voraus, dass mit der Nationalität, der Konfession, der politischen Partei, dem Stande und sonstigen Zugehörigkeiten jedes Mal so und so viele Anschauungen zum Voraus und unbeeinflussbar feststehen. Sie gelten als Tabu und sind nicht nur von aller Kritik, sondern auch von der Unterhaltung ausgeschlossen.
Verfall und Wiederaufbau der Kultur, 30f.

Die große Revision der Überzeugungen und Ideale, in denen und für die wir leben, kann sich nicht so vollziehen, dass man in die Menschen unserer Zeit andere, bessere Gedanken hineinredet als die, die sie haben. Sie kommt nur so in Gang, dass die Vielen über den Sinn des Lebens nachdenkend werden und ihre Ideale des Wirkens und des Fortschritts danach orientieren, revidieren und erneuern, ob sie im Sinne, den wir unserem Leben geben, sinnvoll sind.

Diese Selbstbesinnung auf das Letzte und Elementarste ist der einzige verlässliche Wertmesser. Nur in dem Maße, als sich die Ziele, die sich das Wirken setzt, aus dem Sinne meines und anderen Lebens rechtfertigen lassen, ist mein Wollen und Tun sinnvoll und wertvoll. Alles andere, mag es durch Überlieferung, Gewöhnung und öffentliches Ansehen noch so viel gelten, ist eitel und gefahrvoll.

Verfall und Wiederaufbau der Kultur, 75

Erst wenn die Sehnsucht, wieder wahrhaft Mensch zu werden, in dem modernen Menschen entzündet wird, kann er sich aus der Verirrung heimfinden, in der er jetzt, von Wissensdünkel und Könnensstolz geblendet, herumwandelt.
Kultur und Ethik, 358

In dieses Buch aber lege ich auch meine Überzeugung hinein, dass die Menschheit sich in einer neuen Gesinnung erneuern muss, wenn sie nicht zugrunde gehen will. Ich vertraue ihm auch meinen Glauben an, dass diese Umwälzung sich ereignen wird, wenn wir uns nur entschließen, denkende Menschen zu werden,
Kultur und Ethik, 95

Keine andere Art der wirklichen Erneuerung unserer Welt ist denkbar, als dass wir vorerst unter den alten Verhältnissen neue Menschen werden und als eine Gesellschaft mit erneuerter Gesin-

nung die Gegensätze zwischen den Völkern und in den Völkern so ausgleichen, dass wieder Kulturzustände möglich werden. Alles andere ist mehr oder weniger verlorene Mühe, weil dabei nicht auf den Geist, sondern auf das Äußerliche gesät wird.
Verfall und Wiederaufbau der Kultur, 51

Der letzte Entscheid über die Zukunft einer Gesellschaft liegt nicht in der größeren oder geringeren Vollendung ihrer Organisation, sondern in der größeren oder geringeren Wertigkeit ihrer Individuen.
Verfall und Wiederaufbau der Kultur, 59

Die gewöhnliche Überbeschäftigung des modernen Menschen in allen Gesellschaftskreisen hat zur Folge, dass das Geistige in ihm verkümmert. Indirekt wird er schon in seiner Kindheit davon betroffen. Seine Eltern, in dem unerbittlichen Arbeitsdasein gefangen, können sich ihm nicht in normalerweise widmen. Damit kommt etwas für seine Entwicklung Unersetzliches in Wegfall. Später, selber der Überbeschäftigung unterworfen, verfällt er mehr und mehr dem Bedürfnis nach äußerlicher Zerstreuung. Die ihm bleibende Muße in der Beschäftigung mit sich selbst oder in ernster Unterhaltung mit Menschen oder Büchern zu verbringen, erfordert eine Sammlung, die ihm schwerfällt. Absolute Untätigkeit, Ablenkung von sich selbst und Vergessen sind ein physisches Bedürfnis für ihn. Als ein Nichtdenkender will er sich verhalten. Nicht Bildung sucht er, sondern Unterhaltung, und zwar solche, die die geringsten geistigen Anforderungen stellt.

Verfall und Wiederaufbau der Kultur, 25

Die Menschen eines Hauses finden kaum Zeit, hastig und abgehetzt miteinander zu essen, aber sie leben nicht mehr miteinander, sie kennen keine ruhigen, beschaulichen Feierstunden mehr, wo ihr Geist ausruht oder sich in Zwiesprache mit

dem andern oder einem zum Nachdenken anregenden Buche erholt; sondern es gibt nur noch angestrengteste Arbeit und geistlose Zerstreuung, die über die Müdigkeit hinwegtäuschen soll.
Predigt, 8.12.1918

Bach ist ein Erzieher zur Verinnerlichung durch den Geist der religiösen Texte, die er in so ergreifender Weise vertont hat, und durch den Geist seiner Musik an sich. Wo seine Töne auf Menschen einwirken, beeinflussen sie ihn im Sinne der Verinnerlichung. Er ist ein kostbares Geschenk an unsere Zeit, eines der Lichter, die im Dunkel, in dem die heutige Menschheit den Weg zu einer tieferen Geistigkeit suchen muss, erstrahlen.
An die Niederl. Bachgesellschaft (30.7.1946)

Was mir Bach ist? Ein Tröster. Er gibt mir den Glauben, dass in der Kunst wie im Leben das wahrhaft Wahre nicht ignoriert und nicht unterdrückt werden kann, auch keiner Menschenhilfe bedarf, sondern sich durch seine eigene Kraft durchsetzt, wenn seine Zeit gekommen. Dieses Glaubens bedürfen wir, um zu leben. Er hatte ihn. So schuf er in kleinen engen Verhältnissen, ohne zu ermüden und zu verzagen, ohne die Welt zu rufen, dass sie von seinen Werken Kenntnis nähme, ohne etwas zu tun, sie der Zukunft zu erhalten, einzig bemüht, das Wahre zu schaffen.

Darum sind seine Werke so groß, und er so groß als seine Werke. Sie predigen uns: stille sein, gesammelt sein.

Bach 1905, 75

Wir brauchen Sammlung mehr als irgendein Geschlecht der Welt, sonst geht unsere Menschheit geistig zugrunde. Sammelt euch, ihr, die ihr euch in den Ereignissen zerstreut. Sammelt euch auch, ihr, die ihr Sorgen habt, Sorgen um eure Existenz, Sorgen in Weh und Enttäuschung und Leid, die ihr an Menschen erlebt. Vergesst auch über Sorgen

und Weh nicht, mit euch selber allein zu sein ... Hört auf den innerlichen Menschen in euch. Werdet stille, dass ihr seine Gedanken vernehmt und glaubet, dass ihr in diesen feierlichen Stunden der Einsamkeit mit euch selbst nicht nur besser werdet an Seele oder Charakter, sondern auch die Kraft findet, das Schwere, was euch das Schicksal und die Menschen bereiten können, besser zu tragen, zu verzeihen, wo ihr sonst nicht verzeihen könntet, an die Menschen zu glauben, wo sonst Verzweiflung bliebe.
Predigt, 8.12.1918

Für den sittlichen Menschen gibt es kein gutes Gewissen, sondern immer nur Kampf mit sich selber, Zweifel und Frage, ob er gewesen ist, wie er nach den Forderungen der verinnerlichten Menschlichkeit sein soll, Angst, dass er dem sittlichen Menschen in sich das Wort verbietet, wo er gebieten soll.
Predigt, 3.5.1919 (Was sollen wir tun, 83)

Das große Geheimnis ist, als unverbrauchter Mensch durchs Leben zu gehen. Solches vermag, wer nicht mit den Menschen und Tatsachen rechnet, sondern in allen Erlebnissen auf sich selbst zurückgeworfen wird und den letzten Grund der Dinge in sich sucht.
Aus meiner Kindheit und Jugendzeit, 59

Der Ausdruck »reif« auf den Menschen angewandt, war mir und ist mir noch immer etwas Unheimliches. Ich höre dabei die Worte Verarmung, Verkümmerung, Abstumpfung als Dissonanzen mitklingen. Was wir gewöhnlich als Reife an einem Menschen zu sehen bekommen, ist eine resignierte Vernünftigkeit. Einer erwirbt sie sich nach dem Vorbilde anderer, indem er Stück um Stück die Gedanken und Überzeugungen preisgibt, die ihm in seiner Jugend teuer waren. Er glaubte an den Sieg der Wahrheit; jetzt nicht mehr. Er glaubte an die Menschen; jetzt nicht mehr. Er glaubte an das Gute; jetzt nicht mehr. Er eiferte für Gerechtig-

keit; jetzt nicht mehr. Er vertraute in die Macht der Gütigkeit und Friedfertigkeit; jetzt nicht mehr. Er konnte sich begeistern; jetzt nicht mehr. Um besser durch die Fährnisse und Stürme des Lebens zu schiffen, hat er sein Boot erleichtert. Er warf Güter aus, die er für entbehrlich hielt. Aber es war der Mundvorrat und der Wasservorrat, dessen er sich entledigte. Nun schifft er leichter dahin, aber als verschmachtender Mensch.
Aus meiner Kindheit und Jugendzeit, 56f.

Das Gebot des Vorwärtskommens wird einem jeden von uns von der Zeit aufgedrückt. Aber wie viele Menschen gehen daran zugrunde, dass sie keine Menschen mehr sind, sondern nur noch als Gestalten scheinen, die in der durch Amt und Erwerb vorgezeigten Bahn vorwärtslaufen, um es so weit wie möglich zu bringen! Für den, der die Augen in unserer Welt aufmacht, ist es eine erschreckende Tatsache, wie der Beruf die Menschen aufzehrt. Wir reden nicht von denen, die moralisch an diesem Vorwärtskommen zugrunde gehen, sondern von denen, denen sonst nichts vorzuwerfen ist, als dass sie keine Menschen sind, sondern nur Beamter, nur Kaufmann, nur Ingenieur, nur Arbeiter, nur Professor, nur Lehrer, nur Pfarrer ... , der aber keine Resonanz mehr bietet, sobald die rein menschliche Seite angeschlagen wird.

Sie können Gaben und Unterstützung geben und tun es gern, als etwas Selbstverständliches. Aber wenn man nun etwas von ihnen verlangt, was nur der Mensch leisten kann:

Verständnis, Mitahnen, Mitfühlen, Begeisterung, Trösten, Ermutigen, Mitgehen um eines Menschen oder einer Sache willen, sich hin wegsetzen über falsche Vorurteile, Entgegenhandeln von Meinung und Gewohnheit, sich aufopfern, kurz all das Unaussprechliche, was in der Pflicht des Menschen zum Menschen, der Hilfe des Menschen zum Menschen, der Verantwortung des Menschen zum Menschen liegt, verzagen sie; nicht aus bösem Willen, nein: Sie können nicht leisten, sie sind erschöpfte elektrische Batterien, das Menschheits-

tum in ihnen, aus dem all jenes fließt, ist aufgezehrt durch die Arbeit, durch das Amt, durch das Vorwärtskommen, durch die Not und Sorge des Lebens. Es verbindet sie kein lebendiges inneres Band mehr mit der Menschheit, sie wissen nicht mehr, was es heißt: Menschen Mensch zu sein.
Predigt, 15.12.1907

Wir gehen eingeengt von unseren Gewohnheiten, unserer Gesellschaft, unserm Stand und Beruf durchs Leben hindurch und tragen das alles auf uns wie die Schnecke ihr Haus, und wenn wir auf etwas stoßen, wo man den Menschen in uns brauchte, sucht man ihn vergebens: Er hat sich in sein künstliches Haus zurückgezogen wie die Schnecke. Ich rede nicht von einem bestimmten Stande, sondern es sind alle darin gleich, ob hoch oder niedrig: Sie sind der Herr Soundso, die Frau Soundso, der Arbeiter Soundso, die Arbeiterin Soundso, ganz gefangen in ihren Anschauungen und Beschäftigungen, und sehen nicht, was sie als

einfache Menschen tun sollten. Darum fehlt es an Menschen auf der ganzen großen Welt, weil wir alle den einfachen Menschen in uns verkümmern lassen und nicht mehr Menschenaug und Menschenherz und Menschenhilfsbereitschaft haben.
Predigt, Trinitatis 1905

Das Gesetz der Zurückhaltung ist bestimmt, durch das Recht der Herzlichkeit durchbrochen zu werden.
Aus meiner Kindheit und Jugendzeit, 55

An einem hässlichen Winterabend kam ich in Paris an und fuhr, mit dem Koffer vorn auf dem Wagen, zu Freunden, bei denen ich absteigen und logieren sollte. Zweihundert Meter vor dem Hause fing ein Mensch auf dem Trottoir an, neben dem Wagen herzutraben in der Hoffnung, beim Abladen und Heraufschaffen des Koffers mithelfen zu dürfen. Als der Wagen hielt, fasste mich der Jammer dieser Existenz an: abgerissen, verhungert, erfroren, durchnässt hielt er keuchend und wollte sich mit dem Koffer zu schaffen machen. Aber der Portier des Hauses, der unterdes herausgetreten war, ließ nicht zu, dass er eintrat, denn er sah nicht vertrauenserweckend aus. Ich konnte ihm nicht dreinreden, denn er handelte nur nach seiner Instruktion, und ich war Fremder im Haus und hatte keine Rechte. In der Eile drückte ich ihm einige Münzen in die Hand ... die schwere Tür schlug zu, der Koffer ging mit dem Aufzug in die Höhe, ich schritt das Treppenhaus hinauf.

Abends saß man froh am Tisch zusammen ... aber ich wurde den abgerissenen Menschen nicht los und konnte mir es nicht verzeihen, dass ich der inneren Stimme, die mir sagte, ich solle mich um diesen Menschen kümmern, nicht gefolgt war; dass ich nicht den Koffer hinaufschaffen ließ und trotz der hoheitsvollen Miene des Pförtners mich mit dem Manne zu schaffen machte, mit ihm irgendwo hinging und ihm, so gut ich konnte, Essen, Schuhe und Kleider besorgte ... mit einem Worte, dass ich die Stimme in meinem Inneren, die mir sagte: »Das ist dein Nächster, vom Schicksal geschickt, den musst du mit dem Deinen versorgen«, niederkämpfte mit Berufung auf die Umstände und darauf, dass mein Benehmen auffällig und überspannt gelten könne.

Predigt, 25.5.1919 (Was sollen wir tun?, 102f.)

Die Regeln über Höflichkeit und Anstand sind ... schuld, dass die Menschen oft, wo sie es innerlich nicht so wollten, fremd und kalt aneinander vorübergehen und einander versagen, was sittlich und natürlich wäre.

Ein Beispiel für viele. Im Nebenhause wohnt jemand, den du seit Jahren von Ansehen kennst. Eines Tages triffst du ihn in Schwarz und mit traurigem Gesicht an. Dein innerliches Gefühl sagt dir: »Geh auf ihn zu und frag ihn, wen er verloren hat, und drücke ihm deine Teilnahme aus.« Aber alsbald kommt dir das Bedenken, dass du noch nie mit ihm gesprochen hast und also kein Recht ha-

best, ihn anzureden. So unterdrückst du, was du tun wolltest, und ein Strahl von Herzlichkeit, der einem andern Menschen wohlgetan hätte, leuchtet in dieser Welt nicht auf.
Predigt, Juli 1919 (Was sollen wir tun?, 135)

Wo das Bewusstsein schwindet, dass jeder Mensch uns als Mensch etwas angeht, kommen Kultur und Ethik ins Wanken.
Verfall und Wiederaufbau der Kultur, 28

Woher nimmst du das innere Recht, mit Geld in der Tasche abends nach Hause zu gehn, wo du auf der Straße Leuten begegnest, denen der Hunger aus den Augen schaut und die nicht wissen, wie sie übernachten? Oder du gehst in der Straße und siehst einen Menschen mit durchlöcherten, ausgetretenen Schuhen im Schneewasser waten und hast zu Hause ein zweites oder ein drittes Paar Schuhe und sagst ihm nicht: »Lass sehen, ob wir ungefähr den gleichen Fuß haben«, und wenn es ungefähr so ist: »Komm und nimm das Paar Schuhe, das ich in Reserve habe.«

Oder du siehst einen in einem zerrissenen Anzug, mit dem er sich nirgends zeigen und nirgends Arbeit finden kann, und du hast zu Hause einen, den du nicht trägst. Wie darfst du an ihm vorübergehen und den Gedanken abweisen, ihm deinen anderen anzubieten, weil er einen zerrissenen hat?

Das sind keine überspannten Anschauungen. Weh dir, wenn du damit fertig bist und dir eine so bequeme, vernünftige Sittlichkeit zurechtgelegt hast, in der diese Fragen, wie du etwas für dich behalten darfst, während andere dir, wenn du dir nicht schlecht vorkommst, wenn du ruhig deinen Weg weitergehst! Weh dir, wenn du nicht gequält bist von Erinnerungen an Menschen, bei deren Begegnung dir die innere Stimme sagte: »Du solltest ihnen helfen«, und wo du dann zögertest und dir ausrechnetest, du wärest dazu eigentlich nicht in der Lage.

Predigt, 25.5.1919 (Was sollen wir tun?, 100f.)

Wer sich vornimmt, Gutes zu wirken, darf nicht erwarten, dass die Menschen ihm deswegen Steine aus dem Wege räumen, sondern muss auf das Schicksalhafte gefasst sein, dass sie ihm welche darauf rollen.
Aus meinem Leben und Denken, 71

Kommt es euch nicht manchmal vor, dass ihr die, die euch am liebsten sind, anschauen müsst und bei euch selber erstaunt und sagt, dass ihr ja nichts oder fast nichts voneinander habt, als dass ihr miteinander und nebeneinander in derselben Geschäftigkeit einher hastet? Ihr besprecht eigentlich nur das miteinander, was das tägliche Leben so mit sich bringt, aber das, was euch innerlich bewegt, was euer Leben ausmacht, was euch eint, bleibt unausgesprochen.
Predigt, 22.1.1911

Keiner von uns ist in der rechten Weise mit dem Problem des Friedens beschäftigt, wenn sich ihm dabei nicht fort und fort die Frage aufdrängt: »Was tust denn du in deinem Bereiche für den Frieden? Wie sieht es in deinem Herzen aus? Lässt du den Geist des Friedens in ihm mächtig werden über den Geist der Welt?«
Was heute not tut

Es muss eine Menschheit kommen, in der die Völker durch geistige Ziele miteinander geeint sind und das Höchste erstreben, was es hienieden geben kann.
Predigt, 13.10.1918 (Straßburger Predigten, 105)

Reißt keine Blume, kein Blatt ab

Ehrfurcht vor dem Leben ist Ergriffensein von dem unendlichen, unergründlichen, vorwärtstreibenden Willen, in dem alles Sein gegründet ist. Sie hebt uns über alle Erkenntnis der Dinge hinaus und lässt uns zum Baum werden, der vor der Dürre bewahrt wird, weil er an den Wasserbächen gepflanzt ist.
Kultur und Ethik, 303

Das Wesen des Willens zum Leben ist, dass er sich ausleben will. Er trägt den Drang in sich, sich in höchstmöglicher Vollkommenheit zu verwirklichen. Im blühenden Baum, in den Wunderformen der Qualle, im Grashalm, im Kristall: Überall strebt er danach, Vollkommenheit, die in ihm angelegt ist, zu erreichen.
Kultur und Ethik, 302

Leben heißt für uns nicht nur, unsere eigenen Schicksale erleben, sondern alles, was sich mit an-

derem Sein um uns ereignet, mit der Kreatur wie mit den Menschen, zugleich als ein dem unsrigen nicht fremdes Schicksal miterleben, die Sorge in Sorge mitempfinden, die Angst als unsere Angst mitmachen, mithelfen, wo eine Anstrengung gemacht wird auf Erhaltung oder auf Steigerung und Vervollkommnung des Lebens. Miterleben heißt, sich für alles, was sich in unserem Bereiche abspielt, verantwortlich fühlen.
Predigt, 15.6.1919 (Was sollen wir tun?, 125)

Gar vielen Menschen ist es gar nicht mehr bewusst, dass sie mithaften für das, was die Kreatur bei uns erduldet. Sie denken auch, dass wir es eigentlich recht weit gebracht haben. Wir haben Tierschutzvereine, wir haben Polizei; die werden schon die nötige Vorsorge treffen. Wer aber die Augen aufmacht, der erwacht aus dieser Sicherheit und sieht, was alles geschieht, weil keine Menschen da sind, die über die Kreatur wachen.
Predigt, 13.12.1908

Du gehst auf einem Waldpfad, die Sonne scheint in hellen Flecken durch die Wipfel hindurch; die Vögel singen; tausend Insekten summen froh in der Luft. Aber dein Weg, ohne dass du etwas dafür kannst, ist Tod. Da quält sich eine Ameise, die du zertreten, dort ein Käferchen, das du zerquetscht, dort windet sich ein Wurm, über den dein Fuß gegangen. In das herrliche Lied vom Leben klingt die Melodie von dem Weh und Tod, die von dir, dem unschuldig Schuldigen kommen, hinein. Und so fühlst du in allem, was du Gutes tun willst, die furchtbare Ohnmacht, zu helfen wie du wolltest.
Predigt, 23.2.1919 (Straßburger Predigten, 133)

Die Natur kennt keine Ehrfurcht vor dem Leben. Sie bringt tausendfältig Leben hervor in der sinnvollsten Weise und zerstört es tausendfältig in der sinnlosesten Weise. Durch alle Stufen des Lebens hindurch bis in die Sphäre des Menschen hinan ist furchtbare Unwissenheit über die Wesen ausgegossen. Sie haben nur den Willen zum Leben, aber

nicht die Fähigkeit des Miterlebens, was in anderen Wesen vorgeht, sie leiden, aber sie können nicht mitleiden. Der große Wille zum Leben, der die Natur erhält, ist in rätselhafter Selbstentzweiung mit sich selbst. Diese Wesen leben auf Kosten des Lebens anderer Wesen.
Predigt, 23.2.1919 (Straßburger Predigten, 129f.)

Wahrhaft ethisch ist der Mensch nur, wenn er der Nötigung gehorcht, allem Leben, dem er beistehen kann, zu helfen und sich scheut, irgendetwas Lebendigem Schaden zu tun. Er fragt nicht, inwiefern dieses oder jenes Leben als wertvoll Anteilnahme verdient, und auch nicht, ob und inwieweit es noch empfindungsfähig ist. Das Leben als solches ist ihm heilig. Er reißt kein Blatt vom Baume ab, bricht keine Blume und hat acht, dass er kein Insekt zertritt.
Kultur und Ethik, 331

Wie die Hausfrau, die die Stube gescheuert hat, Sorge trägt, dass die Türe zu ist, damit ja der Hund nicht hereinkomme und das getane Werk durch Spuren seiner Pfoten entstelle, also wachen die europäischen Denker darüber, dass ihnen keine Tiere in der Ethik herumlaufen.
Kultur und Ethik, 317

Gerade dadurch, dass das Tier als Versuchstier in seinem Schmerze so Wertvolles für den leidenden Menschen erworben hat, ist ein neues, einzigartiges Solidaritätsverhältnis zwischen ihm und uns geschaffen worden. Ein Zwang, aller Kreatur alles irgend mögliche Gute anzutun, ergibt sich daraus für jeden von uns. Indem ich einem Insekt aus seiner Not helfe, tue ich nichts anderes, als dass ich versuche, etwas von der immer neuen Schuld der Menschen an die Kreatur abzutragen.
Kultur und Ethik, 341

Diejenigen, die an Tieren Operationen oder Medikamente versuchen oder ihnen Krankheiten einimpfen, um mit den gewonnenen Resultaten Menschen Hilfe bringen zu können, dürfen sich nie allgemein dabei beruhigen, dass ihr grausames Tun einen wertvollen Zweck verfolge. In jedem einzelnen Falle müssen sie erwogen haben, ob wirklich Notwendigkeit vorliegt, einem Tiere dieses Opfer für die Menschheit aufzuerlegen. Und ängstlich müssen sie darum besorgt sein, das Weh, soviel sie nur können, zu mildern.
Kultur und Ethik, 340f.

Dass wir gezwungen sind, vielfältig Leben zu vernichten, sei es für unsere Erhaltung, sei es, um Tiere, die geboren werden und die wir nicht erhalten können, abzuschaffen, sei es, um uns vor schädlichen Tieren zu schützen: Das ist das furchtbare Gesetz der Entzweiung des Willens zum Leben, dem wir unterworfen sind. Nie dürfen wir uns gedankenlos darein ergeben. Immer ist es uns gleich

furchtbar, gleich unheimlich. Aber das eine müssen und können wir tun: die Verantwortung in jedem einzelnen Fall erwägen, die Notwendigkeit prüfen und dann auf die schonendste Art vorgehen.
Predigt, 2.3.1919 (Was sollen wir tun?, 54)

Dem wahrhaft ethischen Menschen ist alles Leben heilig, auch das, das uns vom Menschenstandpunkt aus als tiefer stehend vorkommt. Unterschiede macht er nur von Fall zu Fall und unter dem Zwang der Notwendigkeit, wenn er nämlich in die Lage kommt, entscheiden zu müssen, welches Leben er zur Erhaltung des anderen zu opfern hat. Bei diesem Entscheiden von Fall zu Fall ist er sich bewusst, subjektiv und willkürlich zu verfahren und die Verantwortung für das geopferte Leben zu tragen zu haben.

Ich freue mich über die neuen Schlafkrankheitsmittel, die mir erlauben, Leben zu erhalten, wo ich früher qualvollem Siechtum zusehen musste.

Jedes Mal aber, wenn ich unter dem Mikroskop die Erreger der Schlafkrankheit vor mir habe, kann ich doch nicht anders, als mir Gedanken darüber zu machen, dass ich dieses Leben vernichten muss, um anderes zu erretten.
Aus meinem Leben und Denken, 173

Eben habe ich einen Moskito getötet, der mich umflog beim Lampenlicht. In Europa würde ich ihn nicht töten, obgleich er mir lästig ist. Aber hier, wo er die gefährlichste Form der Malaria verbreitet, nehme ich mir das Recht, ihn zu töten, obwohl ich es nicht gerne tue. Das Wichtige ist, dass wir alle recht nachdenklich werden über die Frage, wann Schädigen und Töten statthaben darf.
Die meisten Menschen kennen diese Frage ja noch nicht recht. Sie stehen noch auf dem Standpunkt, der gedankenloses Schädigen und Töten gutheißt und Freude am Sport des Tötens (Jagd, Fischen, ohne es berufsmäßig zu müssen) gutheißt. In mein Spital kamen Leute, die unterwegs auf dem

Fluss, aus Sport nach allem Getier, das sie sahen, schossen: Nach dem Pelikan (der zur Zeit seine drei Jungen ernähren muss), nach dem Kaiman, der auf einem ins Wasser hinausragenden Ast schläft, auf den Affen, der auf ein Boot schaut.
Diese suche ich alle zum Nachdenken zu bringen. Wie viel wird schon erreicht sein, wenn die Menschen anfangen, nachdenklich zu werden, und zur weisen Einsicht kommen, dass sie nur, wo die Not es gebietet, schädigen und töten dürfen.
An J. Eisendraht, 1951 (Briefe, 207)

Wir müssen jedes Vernichten immer als etwas Furchtbares empfinden und uns in jedem einzelnen Falle fragen, ob wir die Verantwortung dazu tragen können, ob es nötig ist oder nicht.
Predigt, 2.3.1919 (Was sollen wir tun?, 49)

Dass wir dem Gesetz, leben zu müssen, indem wir das niedere Leben dem höheren opfern, in tausendfältiger Weise unterworfen sind, ist furchtbar. Nur etwas gibt es, das es uns auf Zeit vergessen lässt und wie in eine andere Welt versetzt: das Leben-Erhalten und das Helfen-Können. Halte deine Augen offen, damit du die Gelegenheit nicht versäumst, wo du Erlöser sein darfst! Geh nicht achtlos an dem armen Insekt, das ins Wasser gefallen ist, vorüber, sondern ahne, was es heißt: mit dem Wassertod ringen. Hilf ihm mit einem Haken oder einem Hölzchen heraus, und wenn es sich dann die Flügel putzt, so wisse, es ist dir etwas Wunderbares widerfahren: das Glück.

Leben gerettet zu haben – im Auftrage und in der Machtvollkommenheit Gottes gehandelt zu haben. Der Wurm auf der harten Straße, auf die er sich verirrt hat, verschmachtet, weil er sich nicht einbohren kann. Lege ihn aufs weiche Erdreich oder ins Gras! »Was ihr getan habt einem dieser Geringsten, das habt ihr mir getan« – dies Wort Jesu gilt nun für uns alle, was wir auch der geringsten Kreatur tun.

Predigt, 2.3.1919 (Was sollen wir tun?, 55)

Reißt keine Blume, kein Blatt ab! Siehst du ein Pflänzchen, auch das gewöhnlichste, vor dir auf deinem Pfade, tritt so, dass du es nicht zertrittst, wenn du es vermeiden kannst! Gehst du mit Kindern in die Natur, lass sie nicht gedankenlos Blumen brechen, schon in der ersten Stunde, die dann in den heißen Händen welken, und die sie dann, weil sie ihnen unbequem werden, achtlos wegwerfen, sondern wage, sie von den ersten Jahren an zur Ehrfurcht vor dem Leben zu erziehen! Mache dich meinetwegen vor gedankenlosen Menschen lächerlich, die über solche Marotten spotten. Aber die Kinder werden von dem Schauer des Geheimnisses ergriffen werden und dir einmal danken, dass du die große Melodie der Ehrfurcht vor dem Leben in ihnen geweckt hast. Die Spottenden selbst aber werden von der elementaren Wahrheit in dem, was sie ungewohnt berührt, mehr bewegt, als sie zugestehen werden.

Predigt, 2.3.1919 (Was sollen wir tun?, 48)

Man hat mir vier junge arme Pelikane gebracht, denen gefühllose Menschen die Flügel übel beschnitten haben, sodass sie nicht fliegen können. Nun wird es 2–3 Monate dauern, bis ihnen die Flügel nachgewachsen sind und sie in der Freiheit existieren können. Ich habe einen Fischer angestellt. der die nötigen Fische zu ihrer Ernährung fängt. Jedes Mal tun mir die armen Fische in der Seele weh. Aber ich habe nur die Wahl, entweder die vier Pelikane zu töten, die dem Hungertode ausgeliefert wären, oder die Fische. Ob ich recht tue, mich für dies statt für das andere zu entscheiden, weiß ich nicht.

An J. Eisendraht, 1951 (Briefe, 207)

Vor einer besonderen Versuchung zur Missachtung der Ehrfurcht vor dem Leben müssen wir uns alle hüten: Wir werden leicht mitleidslos dem unsympathischen Geschöpf gegenüber oder dem, das wir als böse kennen ... Um Ratten, Mäuse und anderes Getier zu vertilgen, scheint uns jedes

Mittel recht, auch das, von dem wir wissen, dass es furchtbar lange Qual und Todesangst mit sich bringt. Davon müssen wir uns frei machen. Auch dem unsympathischen und schädlichen Tier gegenüber müssen wir uns immer der Verantwortung in jedem einzelnen Falle bewusst bleiben, dass wir es, nur wenn eine Notwendigkeit vorliegt, töten dürfen und dann sinnen müssen, dies mit dem am wenigsten qualvollen Mitteln zu tun. Auch aus Angst und Widerwillen dürfen wir nicht grausam werden.

Predigt, 2.3.1919 (Was sollen wir tun?, 52)

Besondere Arbeit nehmen wir aus Mitleid mit den Palmbäumen auf uns. Der Platz, auf den unser Wohnhaus kommen soll, ist mit Ölpalmen bestanden. Das einfachste wäre, sie abzuhauen. Eine Ölpalme hat hier keinen Wert. Es gibt ihrer so viele. Wir bringen es aber nicht übers Herz, sie der Axt zu überantworten, gerade jetzt, wo sie, vom Schlinggewächs befreit, ein neues Dasein beginnen. Also

verwenden wir unsere Mußestunden darauf, diejenigen, die noch versetzbar sind, vorsichtig auszugraben und anderswohin zu verpflanzen, was eine große Arbeit ist.
Briefe aus Lambarene, 672

Die Vernunft entdeckt das Mittelstück zwischen der Liebe zu Gott und der Liebe zu den Menschen – die Liebe zur Kreatur, die Ehrfurcht vor allem Sein, das Miterleben allen Lebens, mag es dem unseren äußerlich noch so unähnlich sein.
Predigt, 16.2.1919 (Straßburger Predigten, 124)

Pantheistisch ist jedes lebendige Christentum insoweit, als es alles, was ist, als in dem Urgrund allen Seins seiend ansehen muss. Zugleich aber steht jede ethische Frömmigkeit über aller pantheistischen Mystik dadurch, dass sie den Gott der Liebe nicht in der Natur findet, sondern von ihm nur dadurch weiß, dass er sich als Wille der Liebe

in uns kundgibt. Der Urgrund des Seins, wie er in der Natur in Erscheinung tritt, ist uns immer etwas Unpersönliches. Zum Urgrund des Seins aber, der als Wille zur Liebe in uns offenbar wird, verhalten wir uns als zu einer ethischen Persönlichkeit. Der Theismus steht nicht in Gegensatz zum Pantheismus, sondern erhebt sich aus ihm als das ethisch Bestimmte aus dem naturhaft Unbestimmten.
Aus meinem Leben und Denken, 177

KEINER DARF DIE AUGEN SCHLIESSEN

Das gute Gewissen ist eine Erfindung des Teufels.
Kultur und Ethik, 340

Heute handelt es sich darum, die vielen Einzelnen dazu zu bringen, sich aus der selbstgeschaffenen geistigen Unselbständigkeit herauszuarbeiten.
Verfall und Wiederaufbau der Kultur, 32

Ethisch werden heißt wahrhaft denkend werden.
Kultur und Ethik, 328

Mit der eigenen Meinung gibt der moderne Mensch auch das eigene sittliche Urteil auf. Um gut zu finden, was die Kollektivität in Wort und Tat dafür ausgibt, und zu verurteilen, was sie für schlecht erklärt, unterdrückt er die Bedenken, die in ihm aufsteigen.
Verfall und Wiederaufbau der Kultur, 33

Dass Bachs Kunst in steigendem Maße gewürdigt wird und dass die Zahl derjenigen, denen sie etwas bedeutet, ständig zunimmt, sehe ich als ein günstiges Zeichen für das Werden eines kommenden geistigen Lebens an. In der Hochschätzung Bachs gibt sich kund, dass unter den Menschen unserer Zeit der Sinn für das Einfache, Gediegene, Vollendete, wahrhaft Wertvolle und wahrhaft Tiefe noch vorhanden ist und dass in unserer Welt, die im Banne so vieler veräußerlichter und törichter Ideale steht, dennoch auch Kräfte der Verinnerlichung am Werke sind. Verinnerlichung tut unserer Zeit und uns allen not.

An die Niederl. Bachgesellschaft (30.7.1946)

Nun bietet die Welt aber das grausige Schauspiel der Selbstentzweiung des Willens zum Leben. Ein Dasein setzt sich auf Kosten des anderen durch, eines zerstört das andere. Nur in dem denkenden Menschen ist der Wille zum Leben um anderen Willen zum Leben wissend geworden und will

mit ihm solidarisch sein. Dies kann er aber nicht vollständig durchführen, weil auch der Mensch unter das rätselhafte und grausige Gesetz getan ist, auf Kosten anderen Lebens leben zu müssen und durch Vernichtung und Schädigung von Leben fort und fort schuldig zu werden. Als ethisches Wesen ringt er aber darum, dieser Notwendigkeit, wo er nur immer kann, zu entrinnen, und als einer, der wissend und barmherzig geworden ist, die Selbstentzweiung des Willens zum Leben aufzuheben, soweit der Einfluss seines Daseins reicht. Er dürstet danach, Humanität bewahren zu dürfen und Erlösung von Leiden bringen zu müssen.
Aus meinem Leben und Denken, 120f.

Keiner darf die Augen schließen und das Leiden, dessen Anblick er sich erspart, als nicht geschehen ansehen.
Kultur und Ethik, 341

Die subjektive, extensiv und intensiv ins Grenzenlose gehende Verantwortlichkeit für alles in seinen Bereich tretende Leben, wie sie der innerlich von der Welt freigewordene Mensch erlebt und zu verwirklichen sucht: Dies ist Ethik.
Kultur und Ethik, 327

Wenn in der Sanftmut des Anderssein als die Welt ein anderer und ich uns in Verstehen und Verzeihen helfen, wo sonst Wille andern Willen quälen würde, ist die Selbstentzweiung des Willens zum Leben aufgehoben. Wenn ich ein Insekt aus dem Tümpel rette, so hat sich Leben an Leben hingegeben, und die Selbstentzweiung ist aufgehoben.
Kultur und Ethik, 334

Sittlich sind wir, wenn wir aus unserm Eigensinn heraustreten, die Fremdheit den anderen Wesen gegenüber ablegen und alles, was sich von ihrem

Erleben um uns abspielt, miterleben und miterleiden. In dieser Eigenschaft erst sind wir wahrhaft Menschen; in ihr besitzen wir eine eigene, unverlierbare, fort und fort entwickelbare, sich orientierende Sittlichkeit.
Predigt, 23.2.1919 (Straßburger Predigten, 128)

Wo in irgendeiner Weise mein Leben sich an Leben hingibt, erlebt mein endlicher Wille zum Leben das Einswerden mit dem Unendlichen, in dem alles Leben eins ist
Kultur und Ethik, 334

Tiefe Weltanschauung ist Mystik insofern, als sie den Menschen in ein geistiges Verhältnis zum Unendlichen bringt. Die Weltanschauung der Ehrfurcht vor dem Leben ist ethische Mystik. Sie lässt das Einswerden mit dem Unendlichen durch ethische Tat verwirklicht werden.
Aus meinem Leben und Denken, 174

Die Ehrfurcht vor dem Leben ist die höchste Instanz. Was sie gebietet, hat seine Bedeutung auch dann, wenn es töricht oder vergeblich scheint.
Kultur und Ethik, 343

Nicht durch das Denken und Nachsinnen erfasst man das große Geheimnis, das über der Welt und unserm Dasein schwebt, sondern die höhere Erkenntnis, die geht erst auf in dem Wirken, in dem Arbeiten. Darum ist für diese höchste Erkenntnis kein Unterschied zwischen Weisen und Unmündigen, sondern dem Unmündigen wird geoffenbart, was dem Weisen verschlossen ist – wenn er wirkt.
Predigt, 11.5.1902 (Straßburger Predigten, 16)

Alles Denken, das in die Tiefe geht, endet in ethischer Mystik.
Aus meinem Leben und Denken, 150

Wahre Ethik fängt an, wo der Gebrauch der Worte aufhört.
Kultur und Ethik, 337

Die Ethik der Ehrfurcht vor dem Leben erkennt keine relative Ethik an, Als gut lässt sie nur Erhaltung und Förderung von Leben gelten. Alles Vernichten und Schädigen von Leben, unter welchen Umständen es auch erfolgen mag, bezeichnet sie als böse. Gebrauchsfertig zu beziehende Ausgleiche von Ethik und Notwendigkeit hält sie nicht auf Lager.
Kultur und Ethik, 339

Die Abstraktion ist der Tod der Ethik, denn Ethik ist lebendige Beziehung zu lebendigem Leben.
Kultur und Ethik, 325

Die Ethik muss aus der Mystik kommen wollen. Die Mystik ihrerseits darf niemals meinen, um ihrer selbst willen da zu sein. Sie ist nicht die Blume, sondern nur der Kelch einer Blume. Die Blume ist die Ethik. Mystik, die für sich ist, ist das Salz, das dumm wird.
Kultur und Ethik, 325

Nur subjektive Entscheide kann der Mensch in den ethischen Konflikten treffen. Niemand kann für ihn bestimmen, wo jedes Mal die äußerste Grenze der Möglichkeit des Verharrens in der Erhaltung und Förderung von Leben liegt. Er allein hat es zu beurteilen, indem er sich dabei von der aufs höchste gesteigerten Verantwortung gegen das andere Leben leiten lässt.
Kultur und Ethik, 340

Wir gleichen alle dem Menschen, der draußen in der Kälte und im Schnee geht. Wehe ihm, wenn er sich hinsetzt, um der Ermattung nachzugeben und zu schlafen: Er wird nicht mehr erwachen. So erstirbt der sittliche Mensch in uns, wenn wir müde werden, was die andern Wesen um uns herum erleben, mitzuerleben, mit ihnen zu leiden.
Predigt, 23.2.1919 (Straßburger Predigten, 129)

Der große Fehler aller bisherigen Ethik ist, dass sie es nur mit dem Verhalten des Menschen zum Menschen zu tun zu haben glaubte. In Wirklichkeit aber handelt es sich darum, wie er sich zur Welt und allem Leben, das in seinen Bereich tritt, verhält. Ethisch ist er nur, wenn ihm das Leben als solches, das der Pflanze und des Tieres wie das des Menschen, heilig ist und er sich dem Leben, das in Not ist, helfend hingibt. Nur die universelle Ethik des Erlebens der ins Grenzenlose erweiterten Verantwortung gegen alles, was lebt, lässt sich im Denken begründen. Die Ethik des Verhaltens von

Mensch zu Mensch ist nicht etwas für sich, sondern nur ein Besonderes, das sich aus jenem Allgemeinen ergibt.
Aus meinem Leben und Denken, 120

Es ist der wissende Mensch ein Erlöser der Kreatur; soweit seine Macht und Kraft reicht, kann er die Qual von der Kreatur nehmen. Wie furchtbar, wenn der Mensch, statt zu erlösen, schuldig wird und quält!
Predigt, 13.12.1908

Besonders befremdlich findet man an der Ethik der Ehrfurcht vor dem Leben, dass sie den Unterschied zwischen höherem und niederem, wertvollerem und weniger wertvollem Leben nicht geltend mache. Sie hat ihre Gründe, dies zu unterlassen. Das Unternehmen, allgemeingültige Wertunterschiede zwischen den Lebewesen zu statuieren, läuft darauf hinaus, sie danach zu beurteilen, ob sie uns Menschen nach unserem Empfinden näher oder ferner zu stehen scheinen, was ein ganz subjektiver Maßstab ist. Wer von uns weiß, was das andere Lebewesen an sich und in dem Weltganzen für eine Bedeutung hat?

Im Gefolge dieser Unterscheidung kommt dann die Ansicht auf, dass es wertloses Leben gäbe, dessen Schädigung und Vernichtung nichts auf sich habe. Unter wertlosem Leben werden dann, je nach den Umständen, Arten von Insekten oder primitive Völker verstanden.

Aus meinem Leben und Denken, 172f.

Als Kinder hatten wir, soweit unser Verständnis für die Dinge ging, eine elementare Fähigkeit des Mitleidens. Aber diese Fähigkeit ist mit den Jahren und mit dem zunehmenden Verständnis nicht gewachsen. Sie war uns etwas Unbequemes, Verwirrendes. Wir sahen so viele Menschen, die sie nicht mehr besaßen. Dann drängten auch wir die Empfindsamkeit zurück, um zu werden wie die andern,

um nicht anders zu sein als sie, und weil wir uns nicht Rat wussten. So werden die vielen Menschen wie Häuser, bei denen sich ein Laden nach dem andern schließt, und die dann kalt und fremd in die Straße hineinschauen.
Predigt, 23.2.1919 (Straßburger Predigten, 129)

Einst galt es als eine Torheit anzunehmen, dass die farbigen Menschen wahrhaft Menschen seien und menschlich behandelt werden müssten. Die Torheit ist zur Wahrheit geworden. Heute gilt es als übertrieben, die stete Rücksichtnahme auf alles Lebendige bis zu seinen niedersten Erscheinungen herab als Forderung einer vernunftgemäßen Ethik auszugeben. Es kommt aber die Zeit, wo man staunen wird, dass die Menschheit so lange brauchte, um gedankenlose Schädigung von Leben als mit Ethik unvereinbar einzusehen.
Kultur und Ethik, 332

So sehr mich das Problem des Elends in der Welt beschäftigte, so verlor ich mich doch nie in Grübeln darüber, sondern hielt mich an den Gedanken, dass es jedem von uns verliehen sei, etwas von diesem Elend zum Aufhören zu bringen.
Aus meinem Leben und Denken, 179

Du musst in jedem einzelnen Fall aus Überzeugung, nach deinem Gewissen handeln und wirst vielleicht das eine Mal so, ein anderes Mal anders tun.
Predigt, 2.3.1919 (Was sollen wir tun?, 53)

Es kommt nicht nur darauf an, was wir äußerlich in der Welt leisten, sondern was wir menschlich geben, in allen Lagen.
Predigt, 3.5.1919 (Was sollen wir tun?, 84)

In den alten Büchern über Sittenlehre ist so schön geschieden zwischen Pflichten gegen sich selbst und Pflichten gegen den Nächsten. In Wirklichkeit aber lassen sie sich nicht so säuberlich auseinanderhalten, wie wir es möchten. In dem Bestreben, an sich legitime Selbsterhaltung zu üben, komme ich dazu, in das Dasein anderer schädigend einzugreifen. Die Selbstentzweiung des Willens zum Leben, wie sie in dem menschlichen Kampf ums Dasein in die Erscheinung tritt, bringt dies mit sich. Mein Fortkommen und das dieses oder jenes andern Menschen sind nicht immer in Harmonie zu bringen ...

Ein Mensch bringt eine Verbesserung an einer Maschine an, die die Produktion eines bestimmten Artikels um einige Prozente verbilligt. Sein Patent trägt ihm viel ein, und er wird als großer Erfinder gepriesen. Aber sein Glück ist mit dem Unglück so vieler anderer erkauft, die nicht das Kapital besitzen, ihre Betriebe mit den verbesserten Maschinen auszustatten, und die nun notwendig zugrunde gehen.

Ich bewerbe mich um eine Stellung und habe Aussicht anzukommen. Ein anderer, der es viel schwerer hat als ich und gerade auf diese Stelle seine letzte Hoffnung gesetzt hatte, muss zurücktreten, weil man mich als den geeigneteren ansieht. Darf ich dies geschehen lassen? Kann ich die Verantwortung tragen, dass er durch mich, weil ich ihm gerade im Wege stehe, geschädigt wird?
Predigt, 30.3./3.5.1919 (Was sollen wir tun?, 76f.)

Dass Menschen verurteilt oder begünstigt sein sollten, von Verantwortungen der Hingabe als Menschen an Menschen frei zu sein, lässt die Ethik der Ehrfurcht vor dem Leben nicht gelten. Sie verlangt, dass wir alle irgendwie und in irgendetwas für Menschen Mensch sind. Denen, die sich im Beruf nicht als Menschen an Menschen ausgeben können und sonst nichts haben, um es dahinzugeben, mutet sie zu, etwas von ihrer Zeit und Muße, auch wenn sie ihnen kärglich zugemessen sind, zu opfern. Schafft euch ein Nebenamt, sagt sie zu ihnen, ein unscheinbares, vielleicht ein geheimes Nebenamt. Tut die Augen auf und suchet, wo ein Mensch oder ein Menschen gewidmetes Werk ein bisschen Zeit, ein bisschen Freundlichkeit, ein bisschen Teilnahme, ein bisschen Gesellschaft, ein bisschen Arbeit eines Menschen braucht. Vielleicht ist es ein Einsamer oder ein Verbitterter oder ein Kranker oder ein Ungeschickter, dem du etwas sein kannst. Vielleicht ist es ein Greis oder ein Kind. Oder ein gutes Werk braucht Freiwillige, die einen freien Abend opfern oder Gänge tun können ... Lass dich nicht abschrecken, wenn du warten oder experimentieren musst. Auch auf Enttäuschungen sei gefasst. Aber lass dir ein Nebenamt, in dem du dich als Mensch an Menschen ausgibst, nicht entgehen.

Kultur und Ethik, 345

Jeder, der nur etwas übrig behält, ist ein Besitzer und darf sich nicht in Ruhe wiegen, sondern muss immer unruhig sein, ob er es verantworten kann,

und inwieweit er es verantworten kann, etwas zu haben, während andere darben.
Predigt, 25 5.1919 (Was sollen wir tun?, 108)

Bei der Ungerechtigkeit, die dir begegnet, liegt 50 Prozent an den Umständen, 25 Prozent an der Unwissenheit und Gedankenlosigkeit der Menschen und nur 25 an wirklicher Böswilligkeit.
Predigt, 30.3./3.5.1919 (Was sollen wir tun?, 72)

Die christliche Sittlichkeit ist zu keiner Macht in der Welt geworden. Sie ist nicht tief in die Menschengemüter eingedrungen, sondern nur mehr äußerlich angenommen worden, mehr in Worten anerkannt, als in der Tat geübt. Die Menschheit steht so vor uns da, als ob die Worte Jesu für sie nicht existieren, als ob es für sie überhaupt keine Sittlichkeit gäbe.

Darum nützt es gar nichts, die sittlichen Gebote Jesu einfach immer wieder zu wiederholen und

auszulegen, als müssten sie sich zuletzt so dennoch allgemeine Anerkennung verschaffen. Dies wäre, als wenn man mit schönen Farben auf eine nasse Mauer malen wollte. Wir müssen erst die Voraussetzungen für das Verständnis derselben schaffen und unsere Welt zur Gesinnung führen, in der sie etwas für sie bedeuten.
Predigt, 16.2.1919 (Straßburger Predigten, 117)

Ethischer Erzieher ist nur der ethisch denkende und um Ethik ringende Mensch. Die von der Gesellschaft in Umlauf gesetzten Begriffe von Gut und Böse sind Papiergeld, dessen Wert nicht nach den aufgedruckten Ziffern, sondern nach seinem Verhältnis zum Goldkurs der Ethik der Ehrfurcht vor dem Leben zu bemessen ist. Danach aber ergibt sich sein Kurs als der der Papierscheine eines halbbankrotten Staates.
Kultur und Ethik, 351

Wir müssen aus dem Schlafe aufwachen und unsere Verantwortungen sehen.
Zwischen Wasser und Urwald, 164

ALLES SEIN
IST UNLÖSBARES
GEHEIMNIS

Wie der Baum Jahr für Jahr dieselbe Frucht, aber jedes Mal neu bringt, so müssen auch alle bleibend wertvollen Ideen in dem Denken stets von neuem geboren werden. Unsere Zeit aber will es unternehmen, den unfruchtbaren Baum des Skeptizismus dadurch fruchtbar zu machen, dass sie die Früchte der Wahrheit an seine Zweige anbindet.
Aus meinem Leben und Denken, 165

Das letzte Wissen, nach dem wir trachten, ist das Wissen vom Leben. Unser Erkennen erschaut das Leben von außen, unser Wille von innen. Weil das Leben letzter Gegenstand des Wissens ist, wird das letzte Wissen notwendigerweise denkendes Erleben des Lebens.
Verfall und Wiederaufbau der Kultur, 70

Der Fortschritt der Wissenschaft besteht nur darin, dass sie die Erscheinungen, in denen das vielgestaltige Leben abläuft, immer genauer beschreibt,

uns Leben entdecken lässt, wo wir früher keines annahmen, und uns instand setzt, uns den erkannten Ablauf des Willens zum Leben in der Natur auf diese oder jene Art nutzbar zu machen. Was aber Leben ist, vermag keine Wissenschaft zu sagen.
Kultur und Ethik, 329

Sein ganzes Leben hindurch ist der heutige Mensch also der Einwirkung von Einflüssen ausgesetzt, die ihm das Vertrauen in das eigene Denken nehmen wollen. Der Geist der geistigen Unselbständigkeit, dem er sich ergeben soll, ist in allem, was er hört und liest; er ist in den Menschen, mit denen er zusammenkommt; er ist in den Parteien und Vereinen, die ihn mit Beschlag belegt haben; er ist in den Verhältnissen, in denen er lebt. Von allen Seiten und auf die mannigfachste Weise wird auf ihn eingewirkt, dass er die Wahrheiten und Überzeugungen, derer er zum Leben bedarf, von den Genossenschaften, die Rechte auf ihn haben, entgegennehme. Der Geist der Zeit lässt ihn nicht zu sich selber kommen. Wie durch die Lichtreklamen, die in den Straßen der Großstadt aufflammen, eine Gesellschaft, die kapitalkräftig genug ist, um sich durchzusetzen, auf Schritt und Tritt Zwang auf ihn ausübt, dass er sich für ihre Schuhwichse oder ihre Suppenwürfel entscheide, so werden ihm fort und fort Überzeugungen aufgedrängt.

Durch den Geist der Zeit wird der heutige Mensch also zum Skeptizismus in Bezug auf das eigene Denken angehalten, damit er für autoritative Wahrheit empfänglich werde. Dieser stetigen Beeinflussung kann er nicht den erforderlichen Widerstand leisten, weil er ein überbeschäftigtes, ungesammeltes, zerstreutes Wesen ist.

Aus meinem Leben und Denken, 163

Mit dem Geiste der Zeit befinde ich mich in vollständigem Widerspruch, weil er von Missachtung des Denkens erfüllt ist

Aus meinem Leben und Denken, 162

Als man gegen Ende des Jahrhunderts auf allen Gebieten Rückschau und Umschau hielt, um seine Errungenschaften festzustellen und zu bewerten, geschah dies mit einem mir unfasslichen Optimismus. Überall schien man anzunehmen, dass wir nicht nur in Erfindungen und im Wissen vorangekommen seien, sondern uns auch im Geistigen und im Ethischen auf einer nie zuvor erreichten und nie mehr verlierbaren Höhe bewegten. Mir aber wollte es vorkommen, als ob wir im geistigen Leben vergangene Generationen nicht nur nicht überholt hätten, sondern vielfach nur von ihren Errungenschaften zehrten ... und dass gar mancherlei von diesem Besitze uns unter den Händen zu zerrinnen begönne.
Aus meinem Leben und Denken, 111

Unsere Menschheit ist gar nicht so materialistisch, wie es in törichtem Gerede immerfort behauptet wird. Nach dem, wie ich die Menschen kennengelernt habe, steht mir fest, dass unter

ihnen viel mehr ideales Wollen vorhanden ist, als zum Vorschein kommt. Wie die Wasser der sichtbaren Ströme wenig sind im Vergleich zu denen, die unterirdisch dahinfluten, so auch der sichtbar werdende Idealismus im Vergleich zu dem, den die Menschen unentbunden oder kaum entbunden in sich tragen. Das Unentbundene entbinden, die Wasser der Tiefe an die Oberfläche leiten: Die Menschheit harrt derer, die solches vermögen.
Aus meinem Leben und Denken, 72f.

Verzicht auf Denken ist geistige Bankrotterklärung.
Aus meinem Leben und Denken, 164

Welches ist der Unterschied zwischen einem Gelehrten, der die kleinsten und ungeahntesten Lebenserscheinungen im Mikroskop beobachtet, und dem alten Landmann, der kaum lesen und schreiben kann, wenn er im Frühling sinnend in

seinem Garten steht und die Blüte betrachtet, die am Zweige des Baumes aufbricht? Beide stehen vor dem Rätsel des Lebens, und einer kann es weitgehender beschreiben wie der andere, aber für beide ist es gleich unergründlich. Alles Wissen ist zuletzt Wissen vom Leben und alles Erkennen Staunen über das Rätsel des Lebens.
Predigt, 16.2.1919 (Straßburger Predigten, 122)

Die Welt, dem unwissenden Egoismus überantwortet, ist wie ein Tal, das im Finstern liegt; nur oben auf den Höhen liegt Helligkeit. Alle müssen in dem Dunkel leben, nur eines darf hinaus, das Licht schauen: das Höchste, der Mensch. Er darf zur Erkenntnis der Ehrfurcht vor dem Leben gelangen, er darf zu der Erkenntnis des Miterlebens und Mitleidens gelangen, aus der Unwissenheit heraustreten, in der die übrige Kreatur schmachtet.
Predigt, 23.2.1919 (Straßburger Predigten, 131)

Sinnvolles in Sinnlosem, Sinnvolles in Sinnvollem: dies ist das Wesen des Universums.
Kultur und Ethik, 293

So ist es mir mit denen, die gelehrt sind und viel können, oft ergangen: Wenn ich sie auf ihrem besonderen Gebiete sah, war ich voller Bewunderung; wenn sie dann aber in Schrift oder Wort sich über die Dinge äußerten, die die Rätsel von Welt, Menschheit und Leben betrafen, das, was jeden Menschen innerlich beschäftigt, wo es heißt »denken«, innerlich fühlen, war ich manchmal fassungslos, wie leicht sie sich zufrieden gaben, wenn nur ein paar gelehrte Worte hingeworfen wurden, sodass ich mich fast fragen musste, ob Wissenschaft und Nachdenken sich ausschließen, da ich bei 15-jährigen Knaben manchmal mehr Nachdenken gefunden habe als bei Gelehrten, die einen Namen hatten.
Predigt, 29.11.1911

Ohne uns über die Welt und über unser Leben ins klare kommen zu lassen, jagt uns der Geist unserer Zeit ins Wirken hinaus. Unablässig nimmt er uns für diese und jene Ziele und für diese und jene Errungenschaften in Dienst. Er erhält uns im Tätigkeitstaumel, damit wir ja nicht zur Selbstbesinnung kommen und uns fragen, was dieses rastlose Hingeben an Ziele und Errungenschaften eigentlich mit dem Sinn der Welt und dem Sinn unseres Lebens zu tun habe.
Verfall und Wiederaufbau der Kultur, 73f.

Den Weg zur Sittlichkeit findet keiner, der nur die Augen der gewöhnlich geltenden Vernünftigkeit hat, sondern nur der weiß, dass er auch das muss, was dem gewöhnlichen Urteil als überspannt vorkommt.
Predigt, 25.5.1919 (Was sollen wir tun?, 103)

An vernünftigen Menschen ist kein Mangel, aber an solchen, die unverrückt im Geist Christi handeln und reden und daher der Welt überspannt scheinen. Seid nicht zu vernünftig.
Predigt, Pfingsten 1905

Ich sage, dass der Anfang der Religion und des wahren Denkens gleich sind, weil sie aus demselben elementaren Probleme hervorgehen: dem Leben einen Wert zu geben von innen heraus, zu einem Wissen vom Leben zu kommen und den Weg des Lebens zu betreten. Diese aus dem wahren Wissen und Wollen hervorgegangene Religiosität, die noch zu keinen Größen außer Euch gelangt ist, die keine Behauptungen über außer uns liegende Dinge aufstellt, nenne ich die elementare Religion.
Unsere Zeit und die Religion

Das Christentum kann das Denken nicht ersetzen, sondern muss es voraussetzen ... Von mir sel-

ber weiß ich, dass ich durch Denken religiös und christlich blieb.
Aus meinem Leben und Denken, 176

Das ist das Wesen der Religion: Sie ist nicht ein Beschauen, nicht ein Begreifen, nicht ein Verstehen, sondern eine Tat des Menschenwillens, der sich aus der Endlichkeit gleichsam in die Unendlichkeit hinausdehnt und dort Gottes Willen sucht, um sich von ihm durchdringen zu lassen. Das ist das Wesen der Religion; alles andere ist nur die Form, die Lehre, der mannigfaltige Ausdruck dieses wahrhaftigen Erlebens der Religion.
Predigt, 13.2.1904

Die Aufführung der Scheidewand zwischen philosophischer und religiöser Ethik geht auf den Irrtum zurück, als ob die eine Wissenschaft und die andere Nichtwissenschaft wäre. Beide sind aber weder das eine noch das andere, sondern Denken.

Nur hat sich das eine Denken von überlieferter religiöser Weltanschauung freigemacht, während das andere den Zusammenhang mit ihr wahrt. Die Verschiedenheit ist nur relativ.
Kultur und Ethik, 119

Kommen muss eine Vergeistigung der Massen. Die vielen einzelnen müssen denkend werden über ihr Leben, über das, was sie im Kampfe des Daseins für ihr Leben erringen wollen, über das, was innen die Umstände erschweren, und über das, was sie sich selber versagen.
Kultur und Ethik, 359f.

Wir alle müssen miteinander arbeiten an dem neuen Geist und die Gedanken der Menschen aus dem Schutt der oberflächlichen Meinung und dem Dunkel der Gedankenlosigkeit ans Tageslicht bringen.
Predigt, 15 1 1.1908

Einen neuen Geist zu schaffen, will dem gewöhnlichen Verstand als ein wenig aussichtsreiches Unternehmen vorkommen. Er hält es nicht für möglich, dass die Menschen sich von der herrschenden gewöhnlichen Denkweise zu einer höheren erheben können. Dieser Kleinglaube hat nicht die rechte Vorstellung vom Geiste. Dieser ist ein Feuer, zu welchem der Brennstoff in den Herzen aller Menschen vorhanden ist. Auch wenn er zunächst nur ein kleines Flämmchen ist, kann er unversehens zur mächtigen Flamme werden.
Was heute not tut

Als überbeschäftigtes, einer wirklichen Sammlung nicht mehr fähiges Wesen verfiel der moderne Mensch der geistigen Unselbständigkeit, jeglicher Art von Veräußerlichung, einer falschen Wertschätzung des geschichtlich und tatsächlich Gegebenen, einem daraus entspringenden Nationalismus und einer erschreckenden Humanitätslosigkeit.

In neuem Denken müssen wir also wieder zu einer die Ideale wahrer Kultur enthaltenden Weltanschauung gelangen. Wenn wir überhaupt nur wieder anfangen, über Ethik und unser geistiges Verhältnis zur Welt nachdenkend zu werden, sind wir bereits auf dem Wege, der von der Unkultur zur Kultur zurückführt.

Aus meinem Leben und Denken, 148

Der Zusammenbruch der Kultur ist dadurch gekommen, dass man der Gesellschaft die Ethik überließ. Erneuerung der Kultur ist nur dadurch möglich, dass die Ethik wieder die Sache der denkenden Menschen wird und dass die einzelnen sich in der Gesellschaft als ethische Persönlichkeiten zu behaupten suchen.

Kultur und Ethik, 351f.

Fürchtet euch nicht, das, was ihr denkt, auszusprechen, mag es auch unzeitgemäß gescholten und von denen, die im Geiste der Zeit weise und klug sind, bespöttelt werden.
Predigt, 15.11.1908

Ist als Ziel der Kultur anerkannt, dass jeder Mensch in einem möglichst menschenwürdigen Dasein zu wahrem Menschentum gelangen soll, so kann die kritiklose Überschätzung des Äußerlichen der Kultur, wie wir sie von dem ausgehenden neunzehnten Jahrhundert übernommen haben, unter uns nicht weiterbestehen. Immer mehr kommen wir in ein Überlegen hinein, das uns zwischen dem Wesentlichen und dem Unwesentlichen der Kultur unterscheiden lässt ... Wir wagen der Wahrheit ins Auge zu schauen, dass mit den Fortschritten des Wissens und Könnens die Kultur nicht leichter, sondern schwerer geworden ist.
Kultur und Ethik, 358f.

Als unverlierbaren Kinderglauben habe ich mir den an die Wahrheit bewahrt. Ich bin der Zuversicht, dass der aus der Wahrheit kommende Geist stärker ist als die Macht der Verhältnisse.
Aus meinem Leben und Denken, 179

Geistige Macht haben wir nur, wenn die Menschen uns anmerken, dass wir nicht kalt nach ein für allemal festgelegten Prinzipien entscheiden, sondern in jedem einzelnen Falle um unsere Humanität kämpfen.
Kultur und Ethik, 350

Alles Sein ist für uns unerkennbares und unlösbares Geheimnis. Unser geistiges Leben besteht nicht in dem Erkennen dieses Geheimnisvollen, sondern im Erleben desselben und im Ergriffensein durch es.
An E. R. Jacobi (10.5.1962)

DER FRIEDE
GOTTES
IST TREIBENDE
KRAFT

Lassen Sie mich ein Gleichnis gebrauchen. Es gibt einen Ozean. Kaltes Wasser, unbewegt. In dem Ozean aber ist der Golfstrom, heißes Wasser, das vom Äquator zum Pole fließt. Fragen Sie alle Gelehrten, wie es physikalisch vorstellbar ist, dass zwischen den Wassern des Ozeans, wie zwischen zwei Ufern, ein Strom heißen Wassers fließt, bewegt in dem Unbewegten, heiß in dem Kalten. Sie können es nicht erklären. So ist der Gott der Liebe in dem Gott der Weltkräfte eins mit ihm, und doch so ganz anders als er.

Das Christentum und die Weltreligionen, 59

Mit jedem Menschenleben hat Gott einen Zweck in der Welt. Jeder von uns ist da, um auf der Welt einen bestimmten Willen von ihm auszuführen. Er ist für jeden ein anderer, und es ist schwer, von außen einem Menschen zu sagen: Das und das ist der Wille Gottes, den du in deinem Leben erfüllen sollst ... So mannigfach ist der Wille Gottes, dass man es gar nicht beschreiben kann; von dem einen verlangt er seine ganze Existenz, sein ganzes Glück für seinen Willen; für den andern läuft sein Wille gewissermaßen neben seinem Leben hin und besteht in etwas ganz Unscheinbarem, das er zu erfüllen oder zu ertragen hat – und oft merken die Menschen den Willen Gottes nicht, weil er in etwas Unscheinbarem besteht. Und dieser kleine Wille Gottes ist oft schwerer zu erfüllen als der große – denn es ist manchmal ein Sich-Überwinden, ein Geduldhaben, ein Schaffen ohne Anerkennung.

Und manche Menschen wissen den Willen Gottes – aber sie können sich nicht überwinden, ihn zu tun, denn er reißt sie heraus aus ihrer Bequemlichkeit und aus dem Leben, das sie sich zurechtgemacht haben ...

Und zuletzt geht es auch hier wie im Gleichnis von den Arbeitern im Weinberg: Zu den einen kommt er in der ersten Morgenstunde ihres Lebens und nimmt sie in seinen Dienst, zu den andern in der vollen Mittagszeit ihres Daseins, zu den andern, wenn schon die Schatten sich herabsenken. Wenn wir nur da sind und warten und in dem, was uns

begegnet, erkennen, dass er an uns herantritt, damit wir seinen Willen tun – im Wirken oder Leiden.
Predigt, 13.2.1904

Aus dem tiefsten Glücksgefühl erwuchs mir nach und nach das Verständnis für das Wort Jesu, dass wir unser Leben nicht für uns behalten dürfen. Wer viel Schönes im Leben erhalten hat, muss entsprechend viel dafür hingeben.
Wer von eigenem Leid verschont ist, hat sich berufen zu fühlen, zu helfen, das Leid der andern zu lindern. Alle müssen wir an der Last von Weh, die auf der Welt liegt, mittragen.
Aus meiner Kindheit und Jugendzeit, 46

Bach ist einer der größten Mystiker, die je unter Menschen aufgestanden sind. Er hat den inneren Frieden gefunden. Seine Seele ist stille geworden in dem unendlichen Geiste Gottes.
Einführung in das Schaffen Bachs, X

Es kommt fast für jeden Menschen der Augenblick, wo die überkommene und angelernte Religion von ihm abfällt wie der Mörtel von der Wand. Erziehung, Haus und Familie, religiöses Milieu, alles kann nichts helfen, denn es muss so kommen, damit der Mensch er selbst wird.
Unsere Zeit und die Religion

Wo ist die lebendige Kirche, in der wir Jesus lebendig im Geiste wirkend finden möchten, sodass wir sagen möchten: Hier ist er, hier wollen wir bleiben!
Predigt, 19.11.1905 (Straßburger Predigten, 59)

So ist Bach unser großer Künstler der Innerlichkeit, der aus seiner Seele zu andern Seelen redet. Der ihr sagt, dass nicht die Zeit, sondern die Zeitlosigkeit ihre Heimat ist. Und diese Gesammeltheit und Innerlichkeit dieses Erlebthabens des Friedens, das ist das Gewaltige, was er, der große Mys-

tiker, uns in seinen Tönen gibt. Er ist mehr als ein Musiker. Er ist ein Prophet im Geiste.
Bach 1929

Es gibt keine ewige Verdammnis, es gibt nur eine ewige Erlösung.
Predigt, 17.6.1907

Wenn ich das Wort »Ewiges Leben« höre, denke ich nicht zuerst an das fried- und freudvolle Dasein derer, die überwunden haben, sondern an das ewige Leben, wie es mir als geistige Gegenwart solcher, die nicht mehr sind, und solcher, die noch sind, offenbar geworden: die Menschen, die ich nahe fühle, nicht als irdische Existenzen, sondern als geistige Wesen.
Predigt, 24.4.1904 (Straßburger Predigten, 24)

Viele Menschen müssen durch diesen innerlichen Bankrott hindurch, sie müssen erfahren, dass das, was sie für ihren Glauben halten, gar kein wirklicher innerlicher Glaube ist, sondern dass sie sich ihren Glauben erst er ringen und erbeten müssen; sie müssen innerlich arm werden, damit sie erst sehen, was für ein Reichtum der Glaube ist, der ihnen eine Gewohnheitssache war. Wer diese geistige Armut empfindet, der ist nicht verloren, wenn er auch schwer ringen muss, wenn er auch für den Augenblick durch das dunkle Tal der Verzweiflung hindurch muss.
Predigt, 16.2.1902

Der christliche Glaube besteht nicht darin, dass alle Christen in allen Punkten dieselbe Meinung haben, sondern dass jeder im Geiste Christo handle.
Predigt, Januar 1899

Darüber, dass es sich seinem geistigen und ethischen Wesen nach so wenig durchzusetzen vermag, täuscht sich das heutige Christentum dadurch hinweg, dass es als Kirche seine äußere Stellung in der Welt von Jahr zu Jahr stärker ausbaut. In einer Art neuer Verweltlichung passt es sich dem Geiste der Zeit an. Wie die anderen organisierten Größen ist es darauf aus, sich durch immer stärkere und einheitlichere Organisation als geschichtlich und tatsächlich gegebene Größe durchzusetzen. In dem Maße, als es so äußere Macht erlangt, verliert es an geistiger.
Aus meinem Leben und Denken, 176

Das Christentum ist keine Kraft in unserer Zeit, und weil es keine Kraft ist, ist es gerichtet. Wohl wird das Wort Gottes gepredigt und in der Schrift verbreitet, aber das Evangelium ist wie ein herrlicher Samen, der allenthalben in der Luft herumfliegt, allenthalben niederfällt und nirgends aufgeht, weil keine Menschen da sind, die Furchen

ziehen. So kommen die Vögel des Himmels und fressen ihn auf, und er geht der Welt verloren.
Predigt, 18.12.1904 (Straßburger Predigten, 42f.)

Ihrem eigentlichen geistigen und ethischen Wesen nach bleibt die religiöse Wahrheit des Christentums dieselbe durch die Jahrhunderte hindurch. Wandelbar ist nur die äußere Gestalt, die sie in Weltanschauungsvorstellungen annimmt. So geht Jesu ursprünglich in der spätjüdisch-eschatologischen Weltanschauung aufgetretenen Religion der Liebe nachher mit der spätgriechischen, der mittelalterlichen und der neuzeitlichen Verbindung ein. Durch die Jahrhunderte hindurch bleibt sie aber, was sie an sich ist. In welchen Weltanschauungsvorstellungen sie gedacht wird, ist etwas Relatives. Entscheidend allein ist, wieviel Gewalt die in ihr von Anfang an enthaltene geistig-ethische Wahrheit über die Menschen gewinnt.
Aus meinem Leben und Denken, 44

Manchmal meint man, dass die Welt nicht mehr den Weg zu ihm [Jesus] findet, weil er in Lehren eingeengt ist, so wie es herrliche alte Kathedralen gibt, an die die Häuser so nahe herangerückt sind, dass man sie nicht mehr in ihrer ganzen Größe sieht. So muss man auch um Jesus den Platz freilegen.
Predigt, 24.4.1904 (Straßburger Predigten, 25)

Das ist ein Trost für uns alle, dass die letzte Autorität des Glaubens nur der Geist Jesu ist, nicht der einer Kirchenbehörde, eines Kirchenbekenntnisses, eines ehrwürdigen Dogmas oder eines Spruches, den man aus dem Neuen Testament herausgreift, sondern nur der Geist Jesu.
Predigt. 22.7.1906

Mich wollte letzthin schier der Unmut erfassen, als mir ein frommer Mensch sagte, nur der könne an den lebendigen Jesus glauben, der an die leib-

haftige Auferstehung und an die verklärte ewige Leiblichkeit Christi glaube. Lebendig ist Jesus für die, die er, als ginge er unter uns, leitet, in großen und in kleinen Dingen, um ihnen zu sagen, tu das so und das so, und die einfach, als hätten sie einen Herrn vor sich, dessen Gestalt sie mit dem geistigen Auge sehen und dessen Befehl sie mit dem geistigen Ohr hören, ja sagen und still dahingehen und tun.
Predigt, 19.11.1905 (Straßburger Predigten, 65)

Das ist das große Rätsel der christlichen Sittenlehre, dass wir die Worte Jesu nicht so ohne weiteres ins Leben übersetzen können, auch mit dem heiligsten Willen ihm zu dienen. Daraus ergibt sich dann die große Gefahr, dass wir ihnen eine ehrerbietige Referenz machen und sie als »ideal« preisen, in der Wirklichkeit aber nicht zu Worte kommen lassen.
Predigt, 16.2.1919 (Straßburger Predigten, 118)

Der Friede Gottes ist nicht Ruhe, sondern treibende Kraft.
Predigt, 13.10.1918 (Straßburger Predigten, 104)

IM TUN
DER LIEBE

Wir alle müssen darauf vorbereitet sein, dass das Leben uns den Glauben an das Gute und Wahre und die Begeisterung dafür nehmen will. Aber wir brauchen sie ihm nicht preiszugeben.
Aus meiner Kindheit und Jugendzeit, 57

Viel Kälte ist unter den Menschen, weil wir nicht wagen, uns so herzlich zu geben, wie wir sind.
Aus meiner Kindheit und Jugendzeit, 55

Kümmere dich nicht um die hergebrachten Vorurteile, habe keine Angst, lächerlich zu sein, sondern handle!
Predigt, 2.3.1919 (Was sollen wir tun?, 56)

Meine nur nicht immer, du müsstest immer die gebahnten Wege – Anschluss an eine Gesellschaft, Eintreten in ein Komitee etc. gehen, sondern du musst dir daneben noch etwas für dich suchen,

wo du ein Stück deiner Person ausgeben kannst, wo du Mensch für Menschen bist ... Was nottut, sind Menschen, die das Auge offen haben und tätig sind. Die Gesellschaften sind die großen Flüsse und Kanäle, die das Land durchziehen. Aber sie allein bewässern das Land nicht, sondern die Wässerchen, die in Berg und Tal rieseln, keinen festen, eingedämmten Weg haben, hier auftauchen, sich da verlieren, unscheinbar unter dem Moos dahinziehen, und die kleinen Gräben in der Ebene – diese machen die Aue grünen. So ist es mit der Menschheit: Die Gesellschaften für die Werke der Liebe und Hilfe und die sozialen und erzieherischen Aufgaben sind die Bäche und Flussläufe. Aber sie vermögen nichts, wenn nicht allenthalben die kleinen Wässerchen ihren Weg suchen.
Predigt, 12.3.1911

Warum gibt eine Saite, auf einer Harfe oder einer Geige, einen so schönen Ton, wo sie auf dem Tische aufgespannt kaum lautbar wird? Der emp-

findsame Resonanzboden schwingt mit. Also bringt die Wohltat, die dir in der Welt begegnet, den richtigen schönen Ton nur dann hervor, wenn die Resonanz des zum Dank bereiten Gemütes vorhanden ist.
Predigt, 27.7.1919 (Straßburger Predigten, 146)

Verschiebe die Dankbarkeit nie.
Predigt, 27.7.1919 (Straßburger Predigten, 148)

Alle fehlen wir darin alltäglich, dass wir Wohltaten und Freundlichkeiten aufschlucken wie ein sandiger Boden das Wasser. Das Bestreben, uns dankbar zu erweisen, ist keine Triebkraft in unserem gewöhnlichen Leben.
Predigt, 27.7.1919 (Straßburger Predigten, 141)

Ein Mensch wird zur Operation in die Straßburger Klinik gebracht. Wem dankt er es, wenn er dort geheilt werden kann? Nicht nur dem Professor, der ihn operiert, den Assistenten, die ihn verbinden, und den Schwestern, die ihn pflegen, sondern noch andern Menschen, die im Hintergrunde der Vergangenheit stehen ... Dass er sanft eingeschläfert wird und die Operation für ihn nicht grausige Qual bedeutet, wie es vor hundert Jahren der Fall gewesen wäre, kommt ihm von denen zu, die die Wirkungen des Äthers und des Chloroforms entdeckten, und von denen, die sich zu den ersten Versuchen mit diesen Stoffen hergaben. Dass man endlich Operationen aseptisch, das heißt ohne Angst um die Vereiterung, die früher die schwere Gefahr aller chirurgischen Eingriffe bildete, unternehmen kann, hat ihm der Wiener Arzt Semmelweis durch seine Beobachtungen erworben ... Diese unbekannten Wohltaten der Vergangenheit helfen bei jeder Operation mit, und der Operierte schuldet ihnen seine Heilung, ohne die Dankbarkeit je an sie abtragen zu können. Also muss er sie in ihrem Namen denen zugutekommen lassen, die ihrer bedürfen.

Darum, in der Art, wie dir Gutes widerfahren ist, tue Gutes zum Danke. Führe bei dir selbst Rechnung darüber, ob du den Betrag, den du an das Schicksal und an unbekannte Menschen schuldest, richtig begleichst. Ist dir in Krankheit geholfen worden, wisse, dass du dafür etwas für einen Kranken tun sollst. Hat dir jemand in der Bedrängnis mit einem Darlehen ausgeholfen, und es ist einer in der gleichen Not wie du, hilf ihm aus Dankbarkeit für das, was an dir getan wurde ...

Irgendjemand gab dir umsonst, was man sonst bezahlt; gib du dafür irgendeinem umsonst, was du dir bezahlen lassen könntest. Oder er nahm Zeit für dich, wo er kaum welche zur Verfügung hatte. Das will heißen, dass du selber einmal, auch wenn du überarbeitet bist. Zeit für einen Menschen haben musst. Also tu in deinem ganzen Leben, im großen wie im kleinen. Rede nicht viel davon. Es beruht auf einer Buchführung, in die du allein Einblick hast und haben sollst.

Predigt, 17.8.1919 (Straßburger Predigten, 153f.)

Für uns alle besteht eine große Versuchung darin, dass das Gute, das wir tun, zur Schlinge wird, mit der wir einen andern Menschen einfangen. »Weißt du denn nicht mehr, was ich für dich getan habe«, werfen wir ihm vor, wenn er einmal nicht unserer Meinung ist oder nicht tun will, was wir von ihm verlangen. So schleifen wir ihn am Lasso der Dankbarkeit hinter uns her, bis er nicht mehr kann.
Predigt, 27.7.1919 (Straßburger Predigten, 138)

Es gibt nicht nur eine leibliche, sondern auch eine geistige Schamhaftigkeit, die wir zu achten haben. Auch die Seele hat ihre Hüllen, deren man sie nicht entkleiden soll. Keiner von uns darf zum andern sagen: Weil wir so und so zusammengehören, habe ich das Recht, alle deine Gedanken zu kennen. Nicht einmal die Mutter darf so gegen ihr Kind auftreten. Alles Fordern dieser Art ist töricht und unheilvoll.
Aus meiner Kindheit und Jugendzeit, 53

Je mehr man im Leben vorwärts kommt, desto mehr versteht man, wie die wahre Kraft und das wahre Glück uns von denjenigen Menschen herkommen, die uns geistig etwas sind. Ob sie nah oder fern sind, ob sie noch leben oder gestorben sind, wir brauchen sie, um den Weg durchs Leben zu finden, und das Gute, das wir in uns tragen, das wird erst durch ihre geistige Nähe Leben und Tätigkeit.
Predigt, 24.4.1904 (Straßburger Predigten, 24)

Sich kennen will nicht heißen, alles voneinander wissen, sondern Liebe und Vertrauen zueinander haben und einer an den andern glauben.
Aus meiner Kindheit und Jugendzeit, 53

»Wehe denen, die im täglichen Leben zu viel Herz haben«, sagt man gewöhnlich. Gewiss, sie haben es nicht leicht, und sie können oft ihren Vorteil nicht in Unbefangenheit verfolgen, wo ein anderer

es tun kann. Sie haben nicht diese Sicherheit und Zielbewusstheit des Auftretens, die zum Gelingen gehört. Aber sie kennen ein Glück, das den anderen immer verborgen bleiben wird, und sie haben eine tiefere Erkenntnis des Lebens und der Wahrheit. Ihre Seele und ihr Herz haben an ihrem Leben teil, und es geht Liebe von ihnen aus.
Predigt, 30.3./3.5.1919 (Was sollen wir tun?, 78)

Wir müssen den andern Menschen wissend und unwissend so viel Weh tun, dass jeder einzelne Fall, wo wir uns diesem Tun, zu dem wir verurteilt sind, entziehen können, einen Gewinn bedeutet, der Sonnenschein in unser Dasein hineinbringt.
Predigt, 30.3./3.5.1919 (Was sollen wir tun?, 79)

In der Sprache der Welt sagt man von einem Menschen, der etwas geleistet hat: Er hat eine Spur hinterlassen. Es weiß von ihm dieser, jener, was er geleistet hat. Unser Herr Jesus setzt uns ein anderes Ziel: Eine Furche ziehen, das heißt, etwas Segensreiches tun, das verschwindet. Wenn die Ähren auf dem Felde wogen, wer sieht noch die Furchen? Und wer dieses goldwogende Meer überschaut, wer weiß die Namen derer, die die Furchen gezogen haben? Aber sie waren da unter trübem Herbsthimmel, da der Sturm brauste und die Wolken sich am Himmel dahinschoben, und zogen ihre Furche von Hoffnung!

Predigt, 18.12.1904 (Straßburger Predigten, 45f.)

Es ist viel Liebe, viel Idealismus in den Menschen, der nicht zur Tat werden kann, so wie er zur Tat werden möchte. Wie leide ich darunter, wenn ich lieben, tüchtigen Menschen, die mir ihre Dienste für mein Urwaldspital anbieten, sagen muss, dass ich keinen Platz und keine Beschäftigung für sie habe, und sie mich dann fragen, wo und wie sie sich bestätigen könnten, und ich nichts für sie finde. Und dann wieder die anderen, die sich gern im Tun der Liebe ausgeben möchten und bei den

nächstliegenden Pflichten, wie sie das Leben ihnen vorschreibt, zu verbleiben haben und sich in Sehnsucht nach einem Tun, in dem sie in unmittelbarer Weise Aufopferung betätigen können, verzehren. Nur bei wenigen Menschen fügt es sich ja so, dass das Dienen an anderen, wie es ihnen vorschwebt, sich voll verwirklichen lässt. Dass dies bei mir der Fall war, sehe ich als das größte Glück meines Lebens an.
Aus meinem Leben, 31f.

Ihr seid draußen in der Natur gewesen; vielleicht in der gewaltigsten Gebirgswelt. Euer Blick wurde angezogen durch einen Baum. Er hatte nichts Absonderliches, aber er bestimmte die ganze Landschaft für euch. Das andere ist in Vergessenheit gesunken ... der Baum aber steht noch immer in eurer Erinnerung. So ist's in der Welt. Nicht die großen Ereignisse machen die Geschichte, sondern das vereinzelte Tun zerstreuter Menschen bestimmt das Geschehen durch die Art, wie es auf

die andern wirkt, und durch den Geist, der davon ausgeht. Darum glaube ich fest, dass nichts von dem verloren ist, was aus dem Wollen und der Begeisterung des Guten von dir getan ist, auch wenn du es nicht siehst und annehmen musst, es sei vergeblich gewesen.
Predigt, 12.3.1911

Kein Sonnenstrahl geht verloren. Aber das Grün, das er weckt, braucht Zeit zum Sprießen, und dem Sämann ist nicht immer beschieden, die Ernte mitzuerleben.
Aus meiner Kindheit und Jugendzeit, 59

Die, die an sich erfuhren, was Angst und körperliches Weh sind, gehören in der ganzen Welt zusammen. Ein geheimnisvolles Band verbindet sie. Miteinander kennen sie das Grausige, dem der Mensch unterworfen sein kann, und miteinander die Sehnsucht, vom Schmerz frei zu werden. Wer vom Schmerz erlöst wurde, darf nicht meinen, er sei nun wieder frei und könne unbefangen ins Leben zurücktreten, wie er vordem darin stand. Wissend geworden über Schmerz und Angst, muss er mithelfen, dem Schmerz und der Angst zu begegnen, soweit Menschenmacht etwas über sie vermag, und andern Erlösung zu bringen, wie ihm Erlösung ward.

Wer durch ärztliche Hilfe aus schwerer Krankheit gerettet wurde, muss mithelfen, dass die, die sonst keinen Arzt hätten, einen Helfer bekommen, wie er einen hatte.

Wer durch eine Operation vom Tode oder der Qual bewahrt wurde, muss mithelfen, dass da, wo jetzt Tod und Qual noch ungehemmt herrschen, der barmherzige Betäubungsstoff und das helfende Messer ihr Werk beginnen können ...

Wo das Todesleiden eines Menschen hätte furchtbar werden können, durch die Kunst eines Arztes aber sanft werden durfte, müssen die, die sein Lager umstanden, mithelfen, dass andern derselbe letzte Trost für ihre Lieben zuteilwerden könne.

Dies ist die Brüderschaft der vom Schmerz Gezeichneten.
Wasser und Urwald, 166f.

Wir, die wir in einer Zeit leben, wo wir so viel Veräußerlichung ausgesetzt sind, wir dürfen es erleben, dass aus Bachs Musik wir berührt werden zur Innerlichkeit und dass einer kommt, uns bei der Hand nimmt und uns aus der Unruhe zum Frieden geleitet, Friede geben könnend, weil er selbst ihn erlebt hat.
Bach 1929

Es liegt eine unendliche Kraft darin, dass eine Idee Menschen innerlich erfüllt. Und wenn sie auch scheinbar ihrer Verwirklichung nicht näher kommt, wenn es auch mehr rückwärts als vorwärts geht, wenn sie nur von Menschen gedacht und heilig gehalten ist, so liegt das Samenkorn doch im Boden, unter Schnee und Sturm. Es kann nicht sprießen – aber es ist nicht tot. Die Keimkraft lebt in ihm. So gibt es auch für die Ideen Winter in der Menschheit. Sie scheinen nicht verwirklicht, scheinen alt und vergessen, aber wenn sie nur von Menschen im Herzen bewahrt werden, sind sie lebendig, ihre Keimkraft ist da, ungebrochen. Ob es große oder kleine Kreise sind, die den Gedanken denken, darauf kommt es nicht an, entscheidend ist, ob wir ihn intensiv denken und davon beherrscht sind.

Ein Feuer, das unter der Asche schläft, vermag keinen Brand anzufangen, dasjenige aber, das Flamme ist, sie sei so klein wie sie mag, ist imstande, eine Stadt zu verzehren, wenn es Nahrung findet oder der Wind darüber kommt.

Predigt, 12.3.1911

Wie ganz anders wäre doch die Welt, wenn wir, statt immer von ausgleichender Gerechtigkeit zu reden, selber etwas ausgleichende Gerechtigkeit trieben und jeder von uns sich fragte: Was darfst

du von dem, was du mehr als andere an Glück empfangen hast, wirklich für dich behalten? Dabei verstehe ich unter Glück nicht allein Besitz und glückliche äußere Lebensumstände, sondern auch Gesundheit, Leistungsfähigkeit, glückliche Gemütsveranlagung. Ich verstehe darunter sogar gesunden Schlaf.
Aus meinem Leben, 31

In aller Tätigkeit darfst du nie unpersönliche Energie, Ausführungsorgan irgendeiner Sache, Beauftragter der Gesellschaft sein, sondern du musst dich in allem mit deiner persönlichen Sittlichkeit auseinandersetzen, so unbequem, so verwirrend es für dich ist, und versuchen, in allem, was du tun musst, nach der Menschlichkeit zu verfahren und die Verantwortung für das Los, das du einem andern Menschen bereitest, zu tragen.
Predigt, 3.5.1919 (Was sollen wir tun?, 83)

Quellenverzeichnis

Albert Schweitzer. Leben und Denken 1905–1965, mitgeteilt in seinen Briefen, hg. v. Hans W. Bähr, Lambert Schneider, Heidelberg 1987

Aus meinem Leben, in: 42. Rundbrief für den Freundeskreis von Albert Schweitzer und den Deutschen Hilfsverein e. V., Oktober 1976, S. 29–32
Der Abdruck dieser Texte erfolgt mit freundlicher Genehmigung der Stiftung Albert-Schweitzer-Zentrum Günsbach-Bern und des Albert-Schweitzer-Archivs Günsbach/Elsass

Aus meinem Leben und Denken (1931), Frankfurt/Main 1983

Aus meiner Kindheit und Jugendzeit (1924), Bern 1979
ISBN 978-3-258-02841-5. Der Abdruck dieser Texte erfolgt mit freundlicher Genehmigung der Stiftung Albert-Schweitzer-Zentrum Günsbach-Bern und des Albert-Schweitzer-Archivs Günsbach/Elsass

Briefe aus Lambarene 1924–1927. in: Albert Schweitzer, Gesammelte Werke in fünf Bänden, hg. v. R. Grabs, Bd. 1, © C. H. Beck, München 1974, S. 477–685

Das Christentum und die Weltreligionen (1923), in: Albert Schweitzer, Das Christentum und die Weltreligionen. Zwei Aufsätze zur Religionsphilosophie, © C. H. Beck, München ²1984, S. 9–65

Einführung in das Schaffen Bachs, in: Klassiker der Tonkunst. Auswahl der besten Klavierwerke von Joh. Seb. Bach, hg. v. H. Neumayr, Wien/Leipzig 1929, S. III–XIII

J. S. Bach. Sein Leben und sein Werk (Vortrag 1929), unveröffentlicht (abgekürzt: Bach 1929)

Johann Sebastian Bachs Künstlerpersönlichkeit, in: Die Musikwelt I, 1921, S. 193–196 (abgekürzt: Bach 1921)

Kultur und Ethik. Kulturphilosophie 11 (1923), in: Albert Schweitzer, Kultur und Ethik, Sonderausgabe, © C. H. Beck, München 1981, S. 79–368

Predigten am St. Nicolai, Straßburg (1899–1918) z. T. unveröffentlicht

Das Problem der Ethik in der Höherentwicklung des menschlichen Denkens, in: Albert Schweitzer. Das Christentum und die Weltreligionen. Zwei Aufsätze zur Religionsphilosophie. © C. H. Beck. München ²1984. S. 67–88 (abgekürzt: Das Problem der Ethik)

Straßburger Predigten (1900–1919), hg. v. U. Neuenschwander. © C. H. Beck. München 1966

Unsere Zeit und die Religion (Vortrag 15.1.1906) unveröffentlicht

Verfall und Wiederaufbau der Kultur. Kulturphilosophie I (1923), in: Albert Schweitzer. Kultur und Ethik. Sonderausgabe. © C. H. Beck. München 1981, S. 11–78

Was heute not tut (Manuskript 1951)

Was ist mir Johann Sebastian Bach, und was bedeutet er für unsere Zeit? Eine Umfrage. in: Die Musik 5. 1905/06. S. 75–76 (abgekürzt: Bach 1905)

Was sollen wir tun? 12 Predigten über ethische Probleme 119191 aus dem Nachlass hg. v. Martin Strege und Lothar Stiehm. Lambert Schneider. Heidelberg ²1986

Zwischen Wasser und Urwald. Erlebnisse und Beobachtungen
eines Arztes im Urwalde Äquatorialafrikas (1921) München 1926

Anmerkung des Verlages:
Wir danken den Verlagen und Rechteinhabern für die Erteilung
der Abdruckgenehmigungen. Bei einigen Texten war es trotz
gründlicher Recherchen nicht möglich, die Inhaber der Rechte
ausfindig zu machen. Honoraransprüche bleiben bestehen.

In gleicher Ausstattung sind erschienen:

Worte der Achtsamkeit
Texte von Thich Nhat Hanh
ISBN 978-3-451-38135-5

Worte des Glücks
Texte aus der ganzen Welt
ISBN 978-3-451-38136-2

Worte des Lächelns
Texte von Christian Morgenstern
ISBN 978-3-451-38137-9

Worte wie Sterne
Texte von Antoine de Saint-Exupéry
ISBN 978-3-451-38138-6

Worte des Friedens
Texte von Mahatma Gandhi
ISBN 978-3-451-38273-4

Worte wie die Morgensonne
Texte von Khalil Gibran
ISBN 978-3-451-38458-5